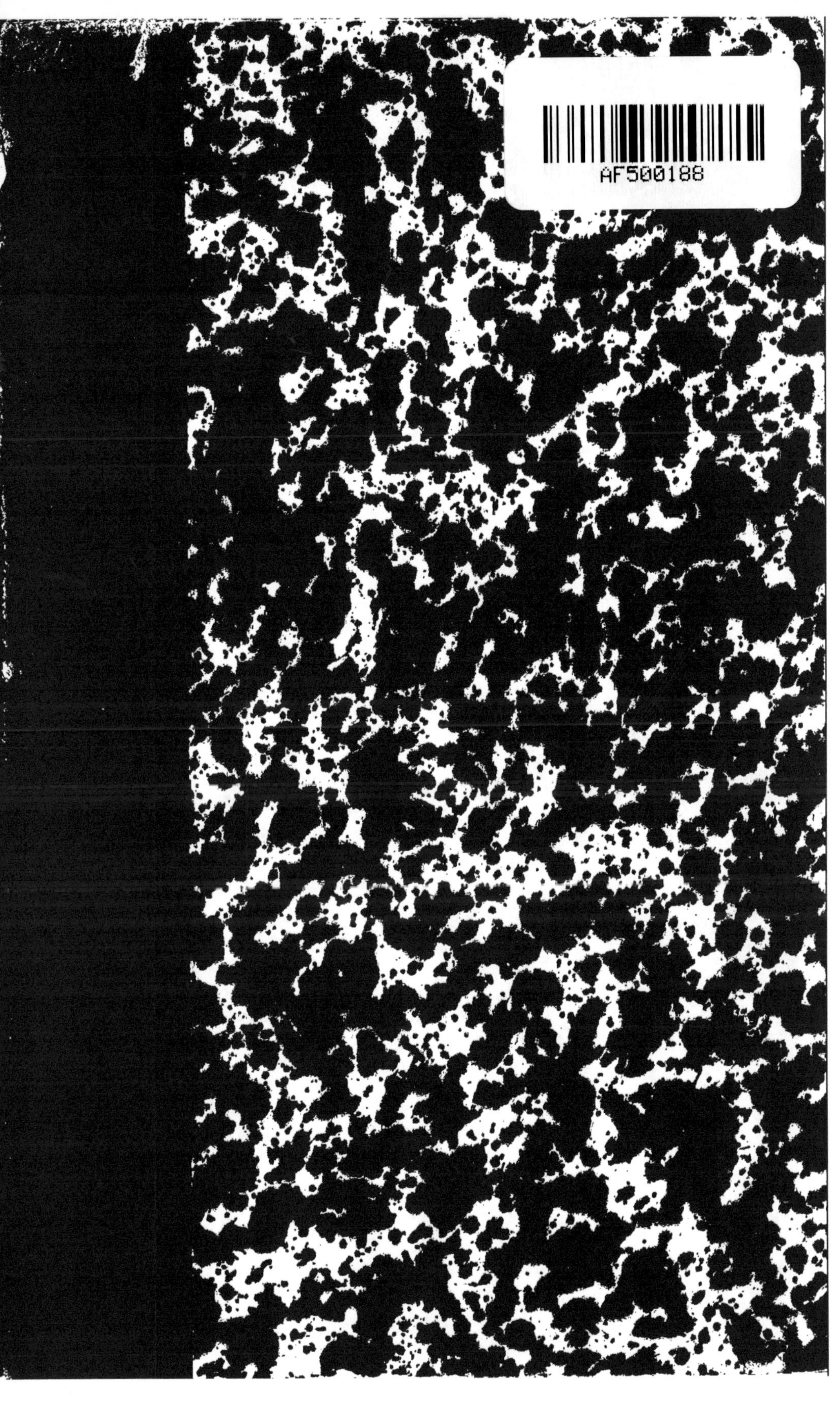

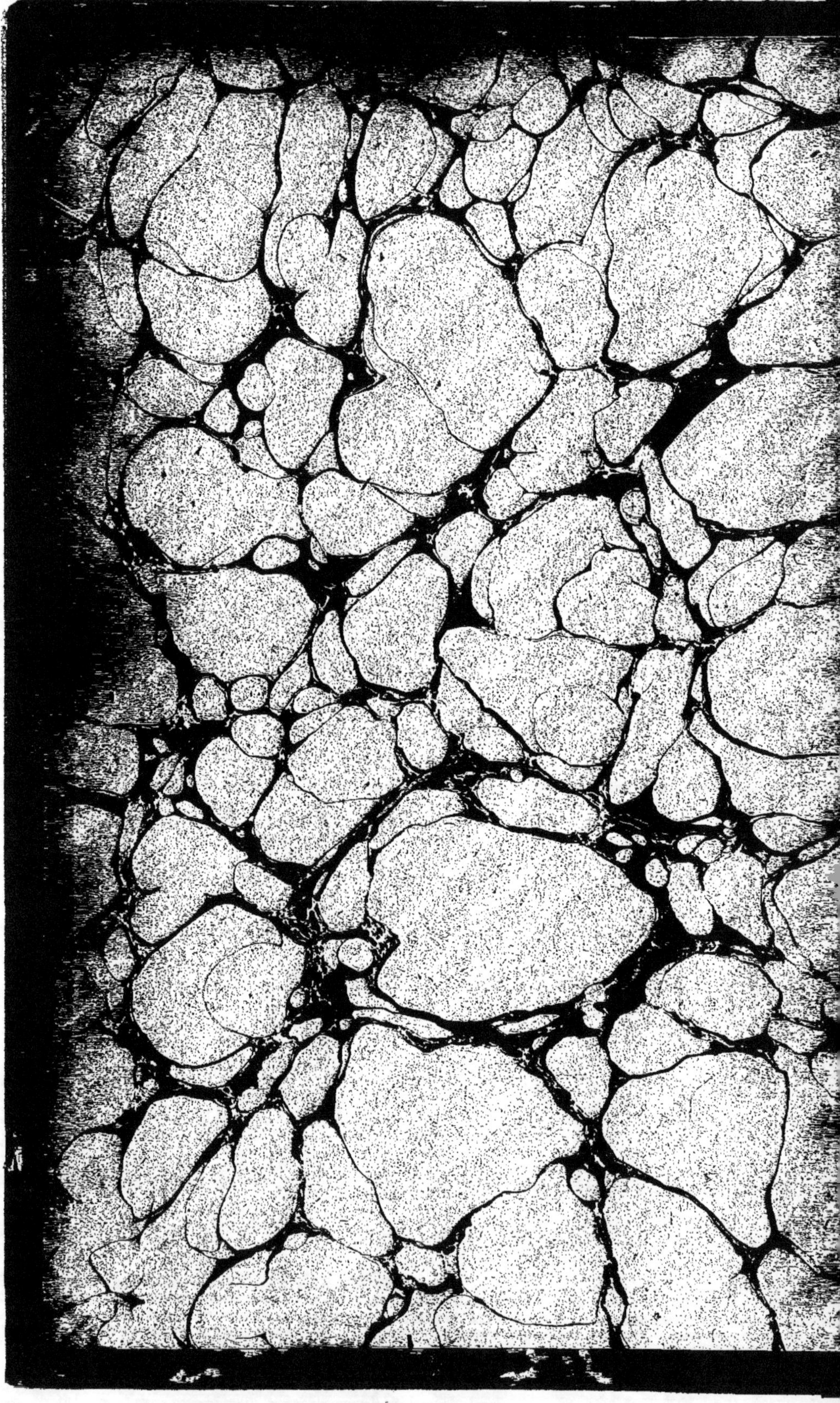

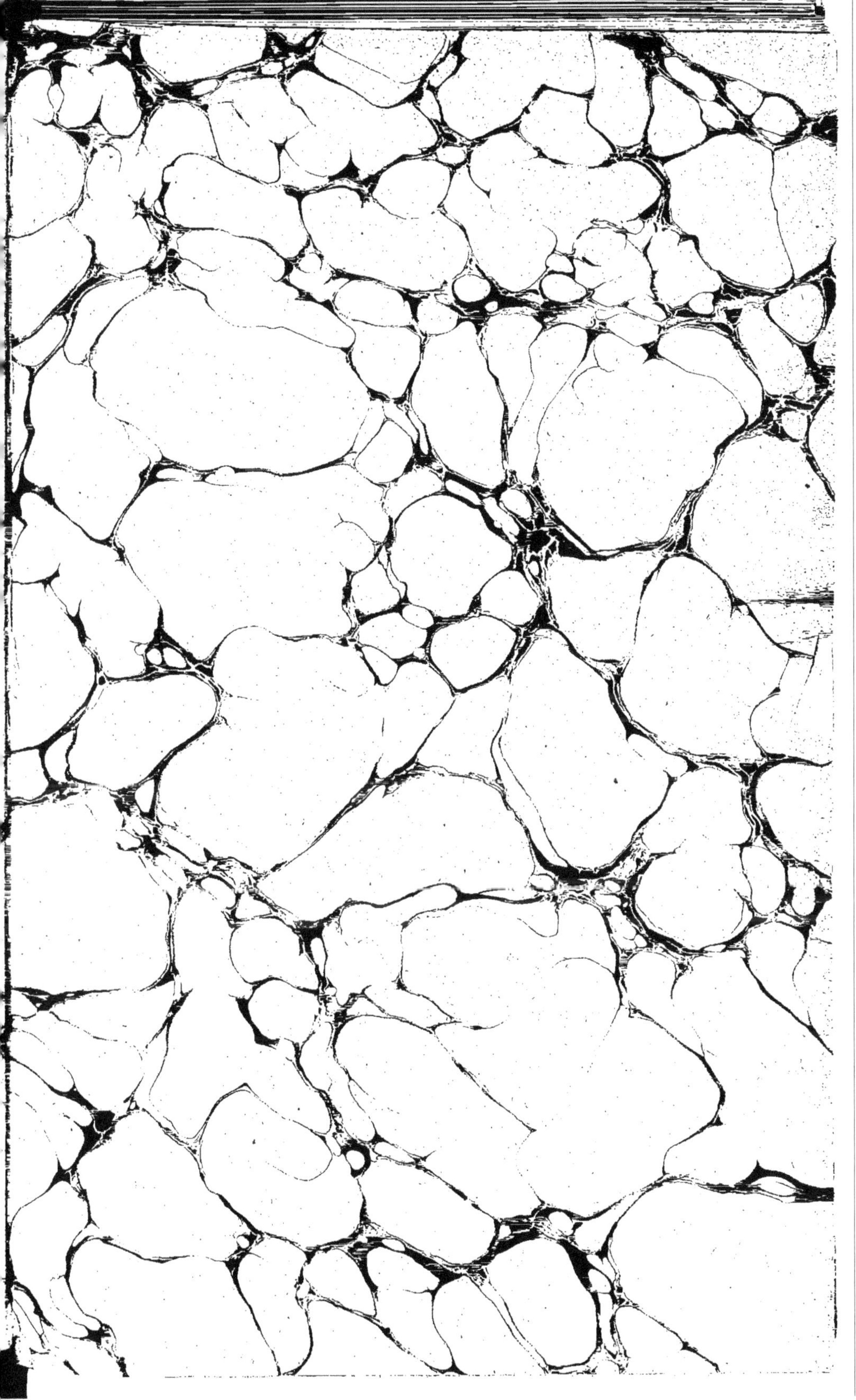

UNIVERSITÉ DE NANCY

FACULTÉ DE DROIT

DES
Syndicats Professionnels

Étude historique, juridique et économique de la Loi du 21 Mars 1884

THÈSE

POUR LE DOCTORAT EN DROIT

PRÉSENTÉE PAR

Paul AUBRY

Avocat

L'Acte public sera soutenu le Mardi 19 Décembre 1899, à 4 heures du soir

Président : M. LIÉGEOIS, Professeur.
Suffragants : M. GARNIER, Professeur.
M. BOURCART, Professeur.

NANCY

IMPRIMERIE ADMINISTRATIVE L. KREIS, RUE SAINT GEORGES, 51

1899

THÈSE

POUR LE DOCTORAT EN DROIT

UNIVERSITÉ DE NANCY

FACULTÉ DE DROIT

DES

Syndicats Professionnels

Étude historique, juridique et économique de la Loi du 21 Mars 1884

THÈSE

POUR LE DOCTORAT EN DROIT

PRÉSENTÉE PAR

Paul AUBRY

AVOCAT

L'Acte public sera soutenu le Mardi 19 Décembre 1899, à 4 heures du soir

Président : M. LIÉGEOIS, Professeur.

Suffragants : M. GARNIER, Professeur. M. BOURCART, Professeur.

NANCY

IMPRIMERIE ADMINISTRATIVE L. KREIS, RUE SAINT-GEORGES, 51

1899

FACULTÉ DE DROIT DE NANCY

Doyen : M LEDERLIN, ✱, I ✪.
Doyen honoraire : M JALABERT, ✱, I ✪.
Professeur honoraire : M. LOMBARD (Ad.), ✱, I ✪.
MM. LEDERLIN ✱, I ✪, Professeur de Droit romain, Chargé du Cours de Pandectes et du Cours d'Histoire du Droit. (Droit français étudié dans ses origines féodales et coutumières).
LIEGEOIS, I ✪, Professeur de Droit administratif et Chargé du Cours d'Histoire des Doctrines économiques.
BLONDEL, I ✪, Professeur de Code civil.
BINET, I ✪, Professeur de Code civil et Chargé du Cours d'enregistrement.
GARNIER, I ✪, Professeur d'Économie politique et Chargé du Cours de Législation financière.
MAY, I ✪, Professeur de Droit romain et Chargé du Cours de Pandectes et du Cours de Droit international public (Doctorat).
GARDEIL, I ✪, Professeur de Droit criminel, et Chargé du Cours de Législation et Economie industrielles.
BEAUCHET, I ✪, Professeur de Procédure civile et Chargé du Cours de Procédure civile (Voies d'exécution), et du Cours de Législation et Economie coloniales.
BOURCART, I ✪, Professeur de Droit commercial et Chargé du Cours de Droit administratif (Doctorat).
GAVET, I ✪, Professeur d'Histoire du Droit et Chargé du Cours d'Histoire du Droit et des Institutions juridiques de l'Est.
CHRETIEN, I ✪, Professeur de Droit international public et privé et Chargé du Cours de Droit civil approfondi
CARRÉ DE MALBERG, A ✪, Professeur de Droit public et constitutionnel.
GAUCKLER, I ✪, Professeur de Code civil.
MELIN, Docteur en droit, Chargé de Conférences.
RENARD, Docteur en Droit, chargé de Conférences.
LACHASSE, I ✪, Docteur en Droit, Secrétaire honoraire.
VALEGEAS, A ✪, Docteur en Droit, Secrétaire.

La Faculté n'entend ni approuver ni désapprouver les opinions particulières du candidat.

À MES PARENTS

INTRODUCTION

A toutes les époques, l'homme isolé a senti sa faiblesse et il lui a cherché un remède dans l'union de ceux qui par les mêmes causes souffraient du même état. Il a compris, soit instinctivement, soit par réflexion qu'il devait chercher sa force et ses moyens de défense dans l'association. Ce sentiment, irrésistible loi de la nature humaine, est né pour ainsi dire avec elle. Nous en trouvons déjà l'expression dans cette vieille remarque des philosophes anciens que « l'homme est un animal sociable ». C'est lui, qui, dès la plus haute antiquité, a provoqué en Grèce et surtout à Rome la création de ces célèbres collèges d'artisans, réunissant dans une même association tous les gens de même métier, et qui, dans un temps moins éloigné de nous, a donné naissance aux fameuses corporations du Moyen Age. C'est encore sous l'influence toujours grandissante de ce besoin intime d'association, condamné ou plutôt méconnu par l'Assemblée Nationale de 1791, que les travailleurs ont vu ce droit d'association définitivement reconquis pour eux et reconnu des pouvoirs publics, qui le consacrèrent par la loi du 21 mars 1884 sur les syndicats professionnels.

C'est cette loi qui va faire l'objet de notre modeste travail. Elle nous a paru digne d'être étudiée à différents points de vue. Outre qu'elle a été et qu'elle est encore à l'heure actuelle la première et la seule concession du législateur au droit de libre association, elle présente dans la législation ouvrière une importance si capitale pour les questions connexes auxquelles elle est intimement liée qu'il nous a paru intéressant de l'examiner dans toutes ses dispositions, de rechercher ses résultats ainsi que l'influence qu'elle a pu exercer au point de vue économique.

Mais avant d'arriver à l'étude de cette loi, nous passerons rapidement en revue l'histoire et l'organisation des associations professionnelles dans notre ancienne France. Nous examinerons l'œuvre de l'Assemblée Constituante, nous montrerons comment cette Assemblée en retirant à ces associations « le droit à l'existence qui leur a été octroyé par la nature elle-même » ne pouvait réussir dans sa réforme, parce que « la société civile a été instituée pour protéger le droit naturel, non pour l'anéantir. » Nous constaterons que, malgré les lois prohibitives, les associations professionnelles n'en continuèrent pas moins à exister et à prospérer. Aussi est-ce avec raison que, dans son rapport à la Chambre sur la loi de 1884, M. Allain-Targé disait : « l'association est une liberté si nécessaire à l'industrie, au commerce et au travail, que les lois faites à son préjudice ont été violées dans tous les temps et souvent avec impunité. » (1)

C'est, en effet, ce qui s'était produit depuis 1791, et, lorsque parut la loi du 21 mars 1884, en reconnaissant une existence légale aux associations diverses qui s'étaient formées en France sous le régime de la tolérance administrative, cette loi ne fit que consacrer un état de fait depuis longtemps déjà existant.

---

(1) *J. Off.* 1881, Chambre, doc. parlem , p. 362.

PREMIÈRE PARTIE

LES ASSOCIATIONS PROFESSIONNELLES

DANS NOTRE ANCIENNE FRANCE

CHAPITRE Ier

ORIGINE DES CORPORATIONS

L'origine des corporations a été le sujet de nombreuses et vives controverses dans le détail desquelles il nous semble superflu d'entrer. Nous dirons seulement avec M. Renouard (1) « que les corporations ne sont pas nées à un jour donné. Si haut qu'on remonte dans nos annales, on les trouve établies. La force des choses et les besoins des temps auraient suffi pour agglomérer en France, comme ailleurs, les hommes adonnés à l'exercice des mêmes professions... La France reçut les corporations de son passé, comme de la force des choses ; de la tradition romaine, comme de la tradition germanique. »

---

(1) Renouard, *Traité des brevets d'invention* 1844, p. 42 et suiv

Si l'on ne peut affirmer d'une façon certaine l'existence de corporations gauloises avant la conquête romaine, il est certain qu'à dater de ce moment de nombreux collèges s'établirent dans les Gaules à l'instar de ceux qui existaient à Rome : « la Gaule, dit Levasseur (1), puissante par son commerce et son industrie, était une des provinces où les classes ouvrières étaient le plus prospères et où les associations étaient les plus nombreuses. Nous en avons la preuve dans les inscriptions des tombeaux qui nous ont conservé les noms et les professions d'artisans de tout genre... Ces artisans étaient presque tous membres d'un collège. »

Lorsque les barbares envahirent l'empire romain, les collèges sombrèrent dans la ruine générale. Toutes les associations ne furent pas néanmoins anéanties, les barbares ayant laissé aux vaincus leurs droits personnels et leurs obligations. D'un autre côté, l'esprit d'association étant très grand chez les peuples envahisseurs, il se forma chez eux des confréries, des ghildes comme chez les Germains, associations, qui, sous l'influence de la similitude d'intérêts, donnèrent naissance peu à peu, surtout dans le Nord de la Gaule à des corporations d'artisans.

D'abord limitées aux industries nécessaires et indispensables telles que boulangeries, boucheries,

---

(1) Levasseur, *Histoire des classes ouvrières en France avant 1789.*

ces associations ne tardèrent pas à prendre un grand développement avec la féodalité naissante, c'est à dire à partir du xe siècle. A cette époque des besoins nouveaux naquirent : la chevalerie aimait le luxe qu'il fallut satisfaire et, comme les grands ateliers des princes francs avaient disparu, on s'adressa aux habitants des villes qui se remirent alors à l'industrie. Avec le progrès de la civilisation, les marchands et les artisans, devenus plus nombreux et plus résolus, comprirent qu'en se réunissant ils pourraient rendre leur sort meilleur. Ils se groupèrent d'abord secrètement, formèrent des associations fermées, obtinrent bientôt du seigneur le droit exclusif de travailler et finalement la corporation exista. Ils rédigèrent des statuts et leur donnèrent force de loi en les faisant approuver par les Seigneurs.

L'union faisant la force et le travail les enrichissant, ces corporations devinrent bientôt très puissantes et eurent une immense influence au point de vue politique. C'est la période la plus intéressante et la plus vivante de leur histoire, aussi nous a-t-il paru utile de leur consacrer quelques détails. Nous diviserons leur étude en deux périodes correspondant chacune à des situations différentes.

Première période, du XIIIe au XVIe siècle : période pendant laquelle les corporations relèvent de l'organisation municipale.

Seconde période, du XVIe siècle jusqu'à la Révolution : période pendant laquelle les corporations relèvent de la Royauté qui centralise le travail. Le droit de travailler n'est plus un droit accordé par la commune, c'est un privilège concédé par la Royauté.

CHAPITRE II

LES CORPORATIONS DU XIIIe AU XVIe SIÈCLE

§ I. — *Caractères généraux.*

Quand la puissance politique de la féodalité commença à décliner, les corporations furent des premiers à l'attaquer en faveur de l'affranchissement des communes, et leur influence fut si considérable que celles-ci triomphèrent. Mais comme le succès était dû aux efforts des bourgeois et que la bourgeoisie ne comprenait en majeure partie que des gens de métier, ceux-ci firent tous leurs efforts pour faire monopoliser le travail à leur profit. Ils y réussirent : on peut dire qu'à partir du XIIIe siècle les corporations devinrent une institution municipale et dépendirent de la commune. Leurs statuts durent être approuvés par les magistrats municipaux qui avaient sur les corps et métiers le droit de police et de surveillance.

De cette situation privilégiée qui faisait de la corporation une institution municipale sortirent plusieurs conséquences :

1° La Commune, organisa le travail pour le

seul profit des maîtres ou bourgeois. Eux seuls purent fabriquer et vendre sous le nom de maîtres ; ils formèrent un corps fermé ayant le droit exclusif de travailler. Ils n'avaient à craindre aucune concurrence, leur nombre étant limité. Ils eurent seuls le droit de vendre leurs produits dans la ville et cela au prix convenu. De plus, pour entrer dans la corporation, il fallait leur consentement.

2° Le travail fut réservé aux habitants de la ville. Non seulement on exigea des maîtres la qualité de bourgeois, mais les compagnons ou apprentis durent être originaires de la ville ou au moins l'habiter. Pour employer un ouvrier étranger, il fallut que tous les ouvriers de la ville fussent occupés.

3° Le travail fut surveillé par la corporation elle-même à laquelle la Commune délégua ses pouvoirs, tout en réservant son droit supérieur. La Commune abandonna aux corporations leur gouvernement intérieur, mais se réserva avec soin le droit d'affirmer et de prouver qu'elles dépendaient du pouvoir municipal. C'est ainsi qu'elle conserva trois droits : celui d'autoriser tout changement dans les statuts ; celui de confirmer les élections des chefs ; celui de supprimer la corporation.

Tels sont les caractères de la corporation considérée comme institution municipale au XIIIe siècle.

Ainsi constituées, les corporations devinrent bientôt riches et puissantes. Aussi vont-elles chercher à s'affranchir de la tutelle communale qui fixait les heures, les prix, les salaires et les méthodes de travail. La royauté, dont l'autorité avait grandi, les aida dans cette voie et chercha en même temps à attirer à elle les pouvoirs dont jouissaient les communes vis à vis des corps de métiers. En 1336, Philippe VI (1) fixe les salaires et les prix des marchandises. En 1350, Jean le Bon, considérant que les statuts des corporations sont plus à l'avantage des gens de métier que du public, les réglemente dans une longue ordonnance. Plus tard, en 1437, Charles VI confirme les statuts des corporations et affirme ainsi le droit supérieur de la royauté. Louis XI se réserva le droit de créer des places de maîtrise dans certains cas, ce qui, en lui assurant un pouvoir souverain sur les corporations, lui procura surtout des ressources financières par la vente des lettres de maîtrise. A partir de ce prince, la royauté reprit définitivement le dessus : François Ier, en 1539, rendit l'ordonnance de Villers-Cotterets, qui permit l'accès de la maîtrise à tout ouvrier, à condition de rester trois ans apprenti, trois ans compagnon, et de faire un chef-d'œuvre.

Ces mesures, qui brisaient l'esprit exclusif des corporations, furent mal vues. Les corporations protestèrent contre les empiétements de la royauté, qui, à les entendre, violait le droit en violant leurs

(1) Isambert, *Recueil des anciennes lois françaises*, t. IV, p. 375 et suivantes.

privilèges. Aussi, en 1560, aux Etats Généraux d'Orléans, le Tiers-Etat protesta-t-il vivement en demandant « qu'aucunes lettres de maîtrise ne fussent délivrées à l'avenir, sinon à la charge que les impétrants fussent tenus de faire expérience bonne et suffisante du métier qu'ils entendront exercer ; en même temps il réclama que les statuts fussent réformés et imprimés » (1).

La royauté dans l'ordonnance d'Orléans de 1560 céda à ces réclamations : désormais les lettres de maîtrise ne sauraient dispenser de l'obligation du chef-d'œuvre, et les corporations furent autorisées à faire imprimer et observer leurs statuts. Ce fut la dernière manifestation de l'indépendance des corporations et encore devait-elle porter peu de fruits, puisque bientôt l'ordonnance de 1581 allait les placer sous l'autorité directe de la royauté.

§ II. — *Organisation des Corporations.*

Trois catégories de personnes composaient la corporation : les apprentis, les compagnons et les maîtres.

1° *Apprentis.* — L'apprentissage était le premier degré de la hiérarchie corporative. Pour devenir compagnon, puis maître, il fallait d'abord avoir été apprenti.

Le nombre des apprentis était déterminé dans les statuts ; rarement il était supérieur à un : c'est

(1) Picot, *Histoire des Etats Généraux.*

qu'en effet les apprentis pouvant passer compagnons, puis maîtres, il fallait empêcher que, les maîtres devenant plus nombreux, le monopole du travail fut réparti entre trop de personnes.

L'admission d'un apprenti dans une corporation se faisait par la signature d'un contrat passé entre le patron et les parents de l'apprenti. Celui-ci devait de plus payer un droit d'entrée. Une fois admis, il ne recevait aucune rémunération en argent de son travail ; il était simplement entretenu par le maître qui lui devait non seulement l'enseignement professionnel, mais aussi l'éducation morale. A cet effet, les statuts, qui étaient soumis à l'approbation de l'autorité publique, ne devaient rien renfermer qui fut contraire aux bonnes mœurs.

L'apprentissage était long : il durait parfois douze ans ; le plus souvent il était de sept. C'était, disaient les statuts, pour bien apprendre le métier à l'apprenti ; en réalité, on voulait l'empêcher autant que possible de devenir compagnon. Il n'y avait d'adoucissement à cette règle qu'au profit du fils du maître dont l'apprentissage était plus court.

L'apprentissage terminé, l'artisan devait passer un examen pour pouvoir obtenir le brevet de compagnon.

2° *Compagnons*. — Les compagnons étaient donc les apprentis qui avaient passé cet examen avec succès. Leur nombre n'était pas fixé ; en fait, il était limité, puisque pour être compagnon, il fallait avoir été apprenti et avoir fait son apprentissage dans la ville ; toutefois, il y avait quelques exceptions.

Le compagnon était un privilégié puisque seul il avait le droit de travailler ; cependant sa situation n'était pas digne d'envie. On peut dire, en effet, qu'il était sous la dépendance absolue du maître : obligé d'être compagnon dans la ville où l'apprentissage s'était effectué, il ne pouvait, en outre la quitter pour s'engager ailleurs, sans l'autorisation de la corporation. Le travail d'ailleurs n'était permis que dans l'atelier du maître ; si donc le compagnon ne trouvait pas à se faire embaucher, tout travail lui était défendu. A l'atelier le travail était rigoureusement réglementé, quant au mode et aux heures de travail. Enfin le compagnon était lié au maître, de telle sorte qu'il ne pouvait s'engager chez un autre patron sans présenter un congé régulier ; le maître avait sur lui des pouvoirs de surveillance non seulement en ce qui concernait son travail, mais encore relativement à sa conduite privée.

Aussi les compagnons, courbés ainsi sous le joug des maîtres, sentirent bientôt la nécessité de s'associer entre eux pour défendre leurs intérêts : de là le compagnonnage. Le « compagnonnage » permettait à ses membres de faire le tour de France et les aidait à trouver du travail au cours de ce voyage ; mais comme les corporations, ces associations devinrent bien vite exclusives, refusant tout secours et cherchant à empêcher tout travail pour ceux qui n'en faisaient pas partie.

3° *Maîtres.* — Au sommet de la corporation se trouvent les maîtres. Pour parvenir à la maîtrise, de grosses difficultés étaient à vaincre : il y avait des conditions et des formalités très nombreuses à remplir.

Le compagnon,qui voulait devenir maître,devait d'abord satisfaire à ces trois conditions essentielles

a) Justifier de la connaissance du métier, et, pour cela, subir un examen et faire un chef-d'œuvre. L'un et l'autre étaient souvent difficiles. Ce sont les maîtres qui sont chargés d'apprécier le chef-d'œuvre, car eux seuls sont censés connaître le métier. Ils sont ainsi juges dans leur propre cause et ont intérêt à recevoir le moins possible de maîtres. Ils s'entendent donc pour ne pas augmenter le nombre des maîtrises et les réserver à leurs fils. On peut dire que le compagnon n'avait en somme de chances de réussir que si le nombre des maîtres diminuait par trop.

b) Le compagnon aspirant à la maîtrise devait avoir de quoi, c'est-à-dire jouir d'une fortune suffisante pour soutenir avec honneur la réputation de la corporation.

c) Enfin, pour obtenir des lettres de maîtrise, l'aspirant avait encore à payer au roi une redevance qui variait de 100 à 300 livres, sans compter celles qui étaient dues à la ville, aux seigneurs, à la corporation et à l'église.

Cependant à l'origine, l'obligation d'acheter le métier n'existait pas. En effet, dans le « *Registre des Mestiers* » d'Etienne Boileau, sur 100 corporations, dans vingt seulement la maîtrise était vénale. Mais avec le progrès de la fiscalité, la vénalité devint générale et augmenta à tel point que la maîtrise ne fut plus bientôt accessible qu'aux compagnons disposant d'une notable fortune, c'est-à-dire à la minorité.

A partir du xve siècle, la maîtrise fut aussi souvent accordée par lettres royales : ce qui donna lieu à de nombreux abus, mais procura des recettes abondantes au prince.

Ces règles reçoivent exception à l'égard du fils du maître pour lequel toutes ces difficultés sont aplanies : l'examen pour lui n'est qu'une simple formalité, il est reçu d'avance ; quelquefois même il en est dispensé. De plus les droits de réception si lourds pour les autres sont réduits pour lui qui est riche.

A côté de ces conditions essentielles, qui étaient exigées de tout candidat à la maîtrise, celui-ci devait encore établir qu'il avait toujours mené une vie irréprochable, qu'il avait régulièrement fait ses années d'apprentissage et de compagnonnage et qu'il appartenait à la religion catholique.

Telle était dans son ensemble, l'organisation intérieure de la corporation du XIIIe au XVIe siècle.

Nous terminerons cette exquisse en disant un mot de la confrérie, c'est-à-dire du lien religieux qui unissait les membres d'une même Association dans un même rite et dans de communes pratiques.

La confrérie, c'est la corporation considérée comme société religieuse et société de secours mutuels. C'était en quelque sorte la face religieuse du corps de métiers : partout où l'on trouvait une corporation, il y avait une confrérie, dont faisaient partie tous ses membres.

La confrérie avait un patron, une bannière qu'on portait aux processions et une chapelle spéciale dans une église ou dans la maison commune. En même temps, la confrérie poursuivait un objet essentiellement charitable ; c'était une sorte de société de bienfaisance dont la corporation fournissait les fonds. Elle venait en aide aux membres de la corporation tombés dans la misère ; souvent elle possédait dans les hôpitaux quelques lits pour les confrères malades, ou bien elle distribuait de l'argent à ceux qui étaient ruinés ; parfois même elle les logeait gratuitement. Elle secourait aussi les veuves et les orphelins.

Mais les confréries ne poursuivirent pas toujours un but de charité, elles dégénérèrent souvent en instrument de combat et de guerre entre confréries de différents ordres. C'est ce qui explique les fréquentes décisions que l'Eglise eut à prendre contre ces confréries déviées de leur but primitif.

CHAPITRE III

LES CORPORATIONS DEPUIS LE XVIe SIÈCLE JUSQU'A 1789

Dans cette seconde période de leur histoire, les corporations sont sous la dépendance de la royauté, qui est devenue assez forte pour pouvoir leur imposer sa volonté.

L'ordonnance de 1581, rendue sous Henri III, inaugura ce nouvel état de choses. Le droit de travailler n'est plus désormais qu'un privilège concédé par le roi moyennant finances. Sous prétexte de contenter les vœux de ses sujets, le roi édictait une réglementation du travail qui s'étendait à toute la France. Les principales dispositions de cet édit étaient de rendre moins exclusif le système des corporations en facilitant les admissions, de placer les corps de métiers sous la surveillance directe de la royauté afin de remédier aux abus des jurandes et maîtrises, et enfin de prélever un impôt sur le travail au profit du fisc.

L'exécution de cet édit souleva de vives protestations. Dans le Midi, le Parlement d'Aix résista et rendit des décisions formellement contraires à l'édit (1). De même aux Etats Généraux de 1614, le Tiers-Etat protesta contre cette main mise de la royauté sur le travail. Il réclamait surtout l'abolition des lettres royales de maîtrise, la diminution des frais de réception pour les maîtres, l'introduction en France des industries étrangères et la protection douanière contre toute concurrence (2). Vaines réclamations, inutiles

(1) Hubert Valleroux, *Histoire des corporations d'arts et métiers*, p. 91 et suivantes.

(2) Picot, *Histoire des Etats Généraux.*

protestations ! La royauté résista et tendit de plus en plus à réglementer le travail.

Colbert, dans le but de rendre notre pays riche et prospère et d'assurer à l'industrie française la prépondérance du monde entier, prohiba les marchandises étrangères et créa des manufactures d'Etat ; il pensait ainsi assurer la bonne confection des produits. Il voulait soumettre tous les corps d'états d'un même métier aux mêmes règles et réaliser l'unité dans l'industrie. Son projet ne reçut qu'une application partielle en ce qui concerne l'industrie des tissus qui fut réglementée dans ses plus minutieux détails : le mode de fabrication et de teinture, la largeur des pièces, le nombre des fils, etc.

A l'apogée du règne de Louis XIV cette réglementation était plus étroite que jamais : un édit en date du 23 mars 1673 prescrivit l'exécution des édits antérieurs et notamment celui de 1581, constitua de nouvelles corporations et exigea des nouveaux maîtres un droit fiscal très élevé. Il décidait encore que tous ceux qui, n'étant d'aucune communauté faisaient profession de « commerce, denrées ou arts », seraient établis en jurandes. Ceux qui refusaient de faire partie d'une corporation y étaient incorporés d'office. D'un autre côté, on vendit des lettres de maîtrise et on multiplia les charges : de 1691 à 1709 il y en eût plus de 40,000 créées. La Royauté, ne voyant plus dans les corporations qu'un moyen de fiscalité, leur enleva toutes leurs libertés : les jurés ne furent plus choisis par leurs confrères, mais nommés par le Roi ; ils durent payer des droits et déposer des cautionnements. — « L'ensemble de ces mesures sans précédent, dit H. Blanc (1), rapportèrent des sommes énormes au Trésor ; car les communautés, pour sauver le principe de leur organisation, ne cessaient de racheter les offices qu'on leur imposait sans trêve, ni merci, afin de ne pas laisser des étrangers entrer dans leur sein. » Mais la Royauté, toujours à court d'argent, recommençait sans cesse et les corporations s'endettèrent à force de les racheter. En effet, dans ce but, elles durent vider leurs caisses et emprunter, augmenter les redevances et les cotisations. Ce fut leur ruine : tous les revenus des corporations s'épuisèrent dans ces frais de toute sorte, et, les artisans, ne trouvant plus dans ces associations l'appui et les secours pécuniaires qui leur étaient nécessaires, les abandonnèrent. La Royauté se vit dans la triste nécessité de ramener de force les commerçants et artisans dans les corps et métiers, et dans ce but, imitant le Bas-Empire, publia un édit en 1696 déclarant nulles toutes les retraites postérieures à 1694.

A partir de cette époque, l'ancien édifice corporatif, écrasé sous les charges fiscales, était fortement ébranlé, et « économistes, philosophes, corps savants, tous s'appliquent à mettre à néant l'antique forme du travail en France. » (Blanc.)

---

(1) Blanc, *Les Corporations de Métiers*, p. 45.

Turgot fut le premier qui eut l'honneur de réagir contre cette organisation tyrannique du travail en proclamant la liberté de l'industrie. L'édit de 1776 par lequel il établit les jurandes et maîtrises est resté célèbre. Le préambule surtout contient des idées philosophiques d'une grande élévation : « Nous devons à tous nos sujets de leur assurer la jouissance pleine et entière de leurs droits. Nous devons surtout cette protection à cette classe d'hommes qui, n'ayant de propriété que leur travail et leur industrie ont d'autant plus le besoin et le droit d'employer les seules ressources qu'ils aient pour subsister. » Puis, après avoir proclamé que le droit de travailler n'était pas un droit royal; « Dieu en donnant à l'homme des besoins, en lui rendant nécessaire la ressource du travail, a fait du droit de travailler la propriété de tout homme ; et cette propriété est la première, la plus sacrée et la plus imprescriptible de toutes. »

De là l'article premier de l'édit ainsi conçu : « Il sera libre à toutes personnes, de quelque qualité et condition qu'elles soient, même à tous étrangers, encore qu'ils n'eussent point obtenu de nous des lettres de naturalité, d'embrasser et d'exercer dans notre bonne ville de Paris telle espèce de commerce et telle profession d'arts et de métiers que bon leur semblera, même d'en réunir plusieurs. »

Certaines professions seules étaient soumises à quelques obligations et formalités.

Par le même édit les confrèries de métiers étaient

supprimées et leurs biens remis à l'Eglise. Les associations professionnelles entre gens de même métier étaient défendues parce que d'après Turgot « la source du mal était dans la faculté même accordée aux citoyens d'un même métier de s'assembler et de se réunir en un corps. »

A part ces deux dernières dispositions qui étaient critiquables, l'édit renfermait des clauses vraiment libérales et il semble que tous, au premier abord, auraient dû être heureux de la liberté qu'il accordait : le consommateur aurait vu le prix de revient diminuer et les maîtres se seraient trouvés délivrés des lourdes charges de la corporation. Et pourtant ce fut le contraire qui arriva. « Telle est, dit J. Simon (1), la force de la routine et tel est l'enivrement que produit le monopole sur l'esprit des privilégiés ! On en meurt et on aime mieux en mourir que de tomber dans le droit commun. »

Des protestations se soulevèrent de toutes parts. Tous les intéressés luttèrent avec énergie pour conserver leurs privilèges. Les Parlements s'insurgèrent contre cette décision radicale et refusèrent d'enrégistrer l'édit. Celui de Paris notamment, par l'organe de son avocat général Séguier, protesta avec véhémence contre ce genre de liberté, qui, disait-il, « n'était qu'une véritable indépendance et dégénérerait vite en licence. »

Toutes ces réclamations eurent bientôt un

(1) J. Simon, *Le Travail.*

résultat. La mort de Turgot entraîna à supprimer avec elle la ruine de son œuvre. Un édit d'août 1776 abolit en effet l'édit de février et le Roi, touché des plaintes qui lui parvenaient de toutes parts, releva l'institution détruite, en réformant cependant certains abus.

Toutefois Turgot avait fait des réformes trop nécessaires et trop utiles pour qu'elles n'eussent pas une influence considérable sur l'organisation des nouvelles corporations.

Tous les métiers similaires étaient réunis dans un même corps, et ainsi plusieurs corporations autrefois rivales ne formaient plus qu'une seule association, ce qui restreignit le nombre des procès. En même temps les droits de réception furent considérablement diminués. Enfin quelques métiers devinrent libres et chacun put les exercer librement comme il l'entendait.

L'édit d'août 1776 n'était donc en réalité qu'un compromis entre le régime corporatif et la liberté. Applicable d'abord à Paris, il fut étendu aux autres villes du royaume. Ce fut sous ce régime que vécurent les corporations jusqu'à leur suppression définitive par l'Assemblée Constituante.

Ainsi, la Royauté, malgré les louables efforts de Turgot, avait été impuissante pour affranchir le travail des entraves qui arrêtaient son essor et son développement. C'était à la Révolution qu'il était réservé de proclamer le grand principe de la liberté du travail.

CHAPITRE IV

APPRÉCIATION ÉCONOMIQUE SUR LES CORPORATIONS D'ARTS ET MÉTIERS

Quel jugement faut-il porter sur les corporations ? Il est impossible de formuler une appréciation unique sur les corps de métier, car, ainsi que le fait remarquer M. Hubert-Valleroux (1) « ce serait ne point tenir compte de l'histoire : ceux qui les condamnent absolument et ceux qui déplorent qu'on les ait abolis tombent dans deux excès opposés. » C'est aussi l'opinion de M. Levasseur (2) qui dit que les corps de métiers ont été un « mélange de bien et de mal. » Nous allons nous appliquer à rechercher aussi exactement que possible quels ont été les avantages et les inconvénients de ces anciennes corporations.

Avantages. — Nous avons déjà dit un mot du rôle que jouèrent les corporations dans la formation des communes. Les faibles n'obtenant rien de la féodalité, les associations de métiers permirent du moins aux artisans de travailler à l'abri des exactions du seigneur. La force primant le droit, il fallait se protéger contre la violence et quel moyen aurait été plus efficace que l'association. « Un individu isolé, sans nom, n'ayant

(1) Hubert-Valleroux, *op. cit.*, p. 125.

(2) Levasseur, *op. cit.*, p. 220.

d'autre fortune que le travail de ses mains aurait succombé, une société pouvait résister. » (Levasseur).

L'industrie nationale profita aussi d'une façon efficace de l'influence des corporations, notamment au XVe siècle. On peut même dire qu'à cette époque si troublée par les guerres, la corporation sauva l'industrie d'une ruine complète. En effet la misère dépeuplant les villes, « ce fut autour de la corporation que se serrèrent les derniers artisans, sous son abri qu'ils passèrent les plus mauvais jours et qu'ils trouvèrent la force et la protection nécessaires pour reprendre leurs travaux. » (1)

Un des principaux avantages des corporations était la bonne qualité des produits. Les nombreux règlements, qui régissaient l'artisan, assuraient aux consommateurs des marchandises bonnes, loyales et de toute qualité. La fraude était sévèrement réprimée : des membres des corporations, nommés gardes du métier, étaient spécialement chargés de faire observer les prescriptions édictées à ce sujet.

Enfin le long apprentissage, qui était la condition de la maîtrise et la surveillance continuelle du maître, étaient des garanties sérieuses de réelle capacité professionnelle. Grâce aux connaissances techniques dont étaient pourvus les maîtres, les produits étaient d'une fabrication supérieure et

(1) Levasseur, *op. cit.*, t. II, p. 434.

par suite recherchés de tous. « Le monde entier, dit H. Blanc (1), se disputait les soieries et les étoffes d'or de Lyon... les faïences de Marseille, de Rouen, de Nevers... les admirables ouvrages de l'orfèvrerie parisienne. »

Nous avons fait ressortir aussi les avantages religieux et moraux que l'artisan trouvait dans la confrérie ; nous avons constaté que l'assistance mutuelle y était très développée. La corporation était une véritable famille ou chacun s'entraidait, qui avait pour but essentiel de pratiquer la charité envers les confrères qui en avaient besoin. « Tantôt, dit H. Valleroux (2), on les soigne chez eux, tantôt la corporation entretient dans un hôpital un certain nombre de lits, ou bien encore, lorsqu'elle le peut, elle possède, comme les orfèvres de Paris, quelques chambres situées dans la maison commune et dont elle cède l'usage à de pauvres gens du métier, déchus pour fait de maladie et de vieillesse. »

Inconvénients. — A côté de réels avantages, les anciennes corporations présentaient de nombreux inconvénients.

L'apprentissage était long et coûteux, la situation des apprentis et celle des compagnons n'étaient pas dignes d'envie. Sans aller jusqu'à dire avec M. Fréderic Passy que l'ouvrier du Moyen-Age était « un serf rivé à son métier, ne connaissant

(1) Blanc, *op. cit.*, p. 259.

(2) Hubert Valleroux, *op. cit.*, p. 68.

pas le pain blanc, sans souliers, mal logé » (1), on ne peut contester que le compagnonnage imposait à l'ouvrier beaucoup d'entraves et de dépenses et n'était accessible qu'aux riches, c'est-à-dire à une infime minorité. Quant aux maîtres, leur nombre étant très limité et les droits pour parvenir à la maîtrise étant énormes, beaucoup de pauvres ouvriers ne pouvaient y arriver, parce qu'ils n'avaient pas les ressources suffisantes.

Mais les plus grands inconvénients de l'ancien régime corporatif étaient sans contredit dans l'excessive réglementation du travail et le monopole accordé aux corporations.

La réglementation du travail était trop minutieuse. A côté de dispositions qui avaient leur utilité, il y en avait d'arbitraires qui arrêtaient tout essor de l'industrie nationale. C'est ainsi qu'il était interdit de faire le travail à l'aide de procédés expéditifs, dans la crainte d'altérer la qualité du produit ; de dépasser dans la fabrication le quantum d'objets fixés dans une unité de temps déterminée. Quelques réglements exigeaient que les produits fussent fabriqués d'une certaine manière et réglaient avec minutie les matières à employer. Ainsi on arrêtait tout progrès : on empêchait un maître de produire meilleur marché que les autres ou même à faire de meilleurs produits. On redoutait surtout les inventions, car la corpo-

(1) F. Passy, Discussion du projet de loi relatif à la création des syndicats professionnels, *J. off.*, 17 juin 1883.

ration aurait été à coup sûr ruinée. Aussi nombre d'obstacles s'opposaient-ils à l'introduction de procédés nouveaux, et les corporations y faisaient-elles une opposition acharnée. On arrivait ainsi à éliminer toute concurrence. Tel fut, par exemple, le chapelier Leprévost, à Paris, qui, en 1760, voulut fabriquer des chapeaux avec de la soie : des procès s'ensuivirent que perdit Leprévost, et, ce ne fut qu'au bout de quatre ans, après de nombreuses lacérations de chapeaux, par les jurés de la corporation, que le pauvre chapelier pût exploiter son invention.

L'absence de toute concurrence avait pour conséquence un mal plus considérable encore : le monopole au profit de chaque corps de métiers. La corporation, en effet, avait seule le droit de fabriquer et de vendre son propre produit, et, pour pouvoir fabriquer ce produit, l'artisan devait faire partie de la corporation : nulle autre personne ne pouvait pratiquer le métier dont celle-ci avait la propriété à l'exclusion de tous autres. Si l'on ajoute à cela les difficultés qu'il fallait surmonter pour faire partie de la corporation et la sévérité avec laquelle les gardes du métier procédaient à la répression des empiétements des privilèges de ces corporations, on se rendra aisément compte de l'importance que les maîtres attachaient à la conservation de ce monopole pour ainsi dire absolu. On s'explique mieux ainsi, tout en les condamnant, les mesures tracassières et ridicules qu'on avait eu soin de prendre à l'égard des ouvriers comme celles, par exemple, qui interdisaient le mélange de la soie et du castor pour faire des chapeaux, la fabrication de boutons de la même étoffe que l'habit ou des ciseaux non trempés. Toutes ces innovations rentraient dans la catégorie des contraventions les plus graves et constituaient pour ceux qui en étaient les auteurs des crimes de lèse-administration qui les exposaient à toutes les vexations, à toutes les sévérités et à toutes les rigueurs.

Nous devons dire cependant que le monopole des corporations, au moins dans la première partie de leur histoire, fut tempéré par plusieurs mesures.

La première était la non-extension de leurs privilèges aux faubourgs. Les ouvriers qui les habitaient pouvaient y travailler sans faire partie des corporations et parfois même, à certains jours fixés, ils pouvaient venir vendre sur les marchés de la ville les produits qu'ils avaient confectionnés. Ainsi à Paris, le samedi, il y avait marché ouvert aux halles. La municipalité avait intérêt à attirer le plus possible de marchands de faubourgs dans les halles, car ils payaient un droit ; elle les soutenait donc contre les corporations et c'était pour ces dernières une concurrence assez sérieuse. De plus, près des grandes villes, se trouvaient périodiquement des foires où marchands et artisans affluaient en grand nombre de toutes les parties du royaume et même de l'étranger. On y trouvait les produits que ne fabriquaient pas les corporations et les bourgeois de la ville attendaient souvent ce moment pour faire leurs achats.

Une autre mesure de protection contre le monopole des corporations consistait dans la taxation des produits par l'autorité publique. Afin de sauvegarder les intérêts des consommateurs, c'étaient les magistrats municipaux qui déterminaient les prix. En pratique cette mesure ne fut guère suivie, mais néanmoins toute coalition des maîtres dans le but de surélever les prix resta défendue et des mesures sévères pouvaient être prises contre les corporations qui auraient enfreint cette règle.

Enfin le monopole était local, territorial, ne s'étendant qu'à la seigneurie où elle existait et non ailleurs.

Ces quelques mesures étaient des palliatifs insuffisants au monopole accordé à la corporation et à ceux qui en faisaient partie, et de plus elles ne furent en usage que sous l'organisation communale. Elles disparurent complétement lorsque les corporations furent placées sous l'étroite dépendance de la royauté.

Cependant l'accaparement du travail subsistait au profit exclusif des maîtres et au préjudice tant des acheteurs et des travailleurs que des progrès de l'industrie. Ces privilèges étaient excessifs ; une réforme urgente et nécessaire s'imposait : ce fut l'œuvre de la Constituante.

CHAPITRE V

LES ASSOCIATIONS PROFESSIONNELLES EN FRANCE DEPUIS 1789 JUSQU'A LA LOI DE 1884

Mise en goût de liberté par la tentative infructueuse de Turgot, la classe ouvrière fut mécontente de l'édit d'août 1776, rétablissant les corporations et par suite l'ancien état de choses. Les assemblées secrètes, les grèves se multiplient, préparant ainsi la voie à la Révolution. Aussi l'Assemblée Constituante dans la nuit du 4 août 1789, se trouvait-elle amenée à décréter la « réformation des jurandes ». Puis, deux ans plus tard, trouvant qu'il était plus facile de détruire que de réformer, elle les abolissait complétement et établissait l'impôt des patentes par le décret des 2 et 17 mars 1791.

Ce décret, après avoir supprimé « les brevets et les lettres de maîtrise, les droits perçus pour la réception des maîtrises et jurandes.... et tous privilèges de profession sous quelque dénomination que ce soit » (art 2), portait dans son article 7 : « A compter du 1er avril prochain, il sera libre à tout citoyen d'exercer telle profession, art ou métier qu'il trouvera bon, après s'être pourvu d'une patente et en se conformant aux règlements qui pourront être faits ».

En même temps le décret accordait une indemnité aux maîtres dépouillés de leurs droits. « Les particuliers qui ont obtenu des maîtrises et jurandes, disait l'article 3, ceux qui exerçaient des professions en vertu des privilèges ou brevets, remettront au commissaire chargé de la liquidation de la dette publique leurs titres et brevets pour être procédé à la liquidation des indemnités qui leur sont dues. » En fait, le paiement de cette indemnité subit des retards et n'était pas terminé lors de l'apparition des assignats, si bien qu'elle fût illusoire pour le plus grand nombre des maîtres.

Quant aux biens des corporations, ils furent déclarés appartenir à la nation, qui en retour, se chargea d'acquitter leurs dettes (art. 6).

Ce décret-loi qui eut pour objet principal de mettre fin au monopole des corporations produisit un effet inattendu : il souleva beaucoup de mécontentements et, loin d'atteindre son but, donna lieu à la formation de nouveaux groupes et de nouvelles associations. Des ouvriers et commerçants se réunirent bientôt sur divers points de la capitale pour discuter leurs intérêts. Ils croyaient user de leurs droits en s'assemblant ainsi volontairement, puisque c'étaient seulement les corporations forcées et obligatoires qui avaient été abolies avec tous leurs privilèges. Mais l'Assemblée Constituante, à qui ces faits furent dénoncés, ne l'entendait pas ainsi ; le député Chapelier fut chargé de faire un rapport. Celui-ci ne craint pas de déclarer que le droit pour les artisans de se réunir était contraire aux principes du droit constitutionnel. Le passage est à citer : « Il doit être sans doute permis à tous les citoyens de s'assembler ; mais il ne doit pas être permis aux citoyens de certaines professions de s'assembler pour leurs *prétendus intérêts communs.* »

L'Assemblée Constituante s'empressa d'admettre les théories du rapporteur et prohiba toute association, même volontaire, entre gens de même profession, par le décret des 14-17 juin 1791 ainsi conçu :

Article 1er. — L'anéantissement de toutes les espèces de corporations de citoyens du même état et profession étant une des bases fondamentales de la Constitution française, il est défendu de les rétablir de fait, sous quelque prétexte et quelque forme que ce soit.

Article 2. — Les citoyens du même état ou profession, les entrepreneurs, ceux qui ont boutique ouverte, les ouvriers et compagnons d'un art quelconque, ne pourront, lorsqu'ils se trouveront ensemble, se nommer ni président, ni secrétaire, ni syndic, tenir des registres, prendre des arrêtés ou délibérations, former des règlements sur leurs prétendus intérêts communs. »

Les articles suivants déclaraient « inconstitutionnelles, attentatoires à la liberté et à la déclaration des droits de l'homme et de nul effet » toutes délibérations ou conventions contraires à ces principes et punissaient de diverses peines la violation de la loi.

Telles fut l'œuvre de la Constituante. Il restera

toujours à son honneur d'avoir fait du droit de travailler, la propriété de tout homme en l'érigeant à la hauteur d'un principe nouveau qui domine encore toute notre législation moderne et dont il est un des fondements les plus respectés. Mais ce qu'elle ne comprit pas, c'est que le principe de la liberté du travail entraîne pour les travailleurs le droit d'association, c'est-à-dire le droit de se concerter pour la défense de leurs intérêts communs. La Constituante craignit qu'un pareil droit ne permît aux corporations anciennes de ressusciter sous une autre forme. Elle considéra ce droit comme une entrave à la liberté, alors qu'il n'en est que l'exercice. En refusant aux travailleurs le droit de s'associer, elle méconnaissait la communauté des intérêts qui groupe nécessairement les hommes en dépit des lois et des obstacles et restreignait par là le principe de la liberté du travail qu'elle venait de poser.

La loi des 14-17 juin 1791 vouait l'ouvrier à l'isolement le plus complet. Toutefois, comme l'esprit d'association est inhérent à la nature humaine, les maîtres et les ouvriers élevèrent bientôt la voix en faveur des institutions abolies. Ce mouvement s'accentua encore davantage lorsque l'ordre matériel fut rétabli.

Sous le Consulat et le premier Empire, la question du rétablissement et de la réorganisation des corporations se posa même devant le Conseil d'Etat où elles trouvèrent en la personne de

Regnault de Saint-Jean d'Angély un défenseur convaincu. Mais ce projet échoua devant l'opposition de la Chambre de Commerce de Paris, qui, étant composée de notables commerçants, avait recueilli presque tout le profit du régime de liberté institué par la Révolution dans l'intérêt du plus grand nombre.

Cependant Napoléon prit certaines mesures restrictives de la liberté du travail, telles que l'obtention d'une autorisation préfectorale pour certains métiers, l'obligation du livret pour l'ouvrier, l'organisation de bureaux de placement tarifiés.

En même temps le Code pénal édictait contre toutes les associations les peines des articles 291 à 294 renforcées encore plus tard par la loi du 10 avril 1834. Aux termes de ces dispositions la formation de toute association de plus de vingt personnes est subordonnée à la nécessité d'une autorisation préalable de l'administration. De plus, quiconque fait partie d'une association non autorisée, est passible d'un emprisonnement de deux mois à un an et d'une amende de 50 à 1.000 fr. (art. 2, loi du 10 avril 1834). Enfin, les articles 414, 415 et 416 punirent toute coalition ; celle des patrons comme celle des ouvriers étaient prohibées sous peine d'emprisonnement. Toutefois les peines frappant les coalitions des ouvriers étaient plus fortes que celles atteignant les coalitions des patrons, qui n'étaient punissables que si elles étaient injustes ou abusives.

Sous la Restauration, de nombreuses pétitions (1) furent faites pour obtenir la reconnaissance des associations ouvrières ou patronales, mais, comme dans la période précédente et pour les mêmes raisons, ces efforts se heurtèrent toujours à la résistance opiniâtre des Chambres de commerce.

En 1848, à la suite de la Révolution du 28 février, le Gouvernement provisoire décréta la liberté d'association et favorisa même la constitution des associations professionnelles en invitant officiellement les ouvriers des divers métiers à se réunir en vue d'élire des délégués chargés de présenter les vœux des populations ouvrières aux pouvoirs publics. Mais ce régime de liberté dura peu; la liberté d'association fut de nouveau supprimée au lendemain du coup d'Etat du 2 décembre 1851 ; il n'y eut d'exception que pour les sociétés de secours mutuels.

Le second Empire protégea plutôt les classes ouvrières, car, si en droit, les associations professionnelles restent prohibées, en fait plusieurs d'entre elles se développent dans des proportions considérables, quelquefois même à la faveur de la tolérance du Gouvernement qui préférait fermer les yeux que de s'attirer les haines de la population ouvrière par une répression inopportune.

C'est ce qui explique que sur le grand nombre de poursuites intentées par le Ministère Public

---

(1) *Moniteur Officiel*, 16 oct. 1817, 24 mars 1821, 16 fév. 1823 et 8 avril 1829.

contre des associations illégales, il y eut tant d'acquittements dûs au large exercice du droit de grâce. Aussi le Gouvernement se décida-t-il à soumettre au Corps Législatif un projet tendant à modifier dans un sens libéral les art. 414, 415 et 416 du Code pénal. Ce projet fut adopté et devint la loi du 25 mars 1864 : celle-ci supprime le délit de coalition et accorde aux travailleurs le droit de ce concerter librement pour faire grève, mais elle n'accorde pas aux patrons et ouvriers le droit de se réunir ou de s'associer.

Cette loi de 1864 constituait un progrès sérieux, néanmoins la réforme qu'elle accomplissait était incomplète, car le droit de coalition ne se comprend qu'avec ses corollaires indispensables, le droit de réunion et le droit d'association. Or la loi de 1864, qui reconnut le droit de coalition, aurait dû logiquement reconnaître celui de s'associer. Comment, en effet, permettre les coalitions et refuser les moyens de s'entendre pour les préparer et les soutenir. On resta donc jusqu'en 1884 sous l'empire des articles 291 à 294 du Code pénal et le droit de se coaliser n'emporta pas celui de former des associations professionnelles de plus de vingt personnes.

Telle fut la législation des associations professionnelles depuis 1789 jusqu'en 1884.

Mais en fait, durant toute cette période, des associations surgirent de toute part et se formèrent tant à Paris que dans les départements. Quelques-unes d'entre elles remontent très loin, subsistèrent sans qu'on y mît obstacle et vivent encore aujourd'hui. Ainsi les portefaix de Marseille, les crocheteurs de Lyon, les brouettiers du Havre.

Sous le premier Empire nous voyons apparaître les premières chambres syndicales de patrons. Dès 1807, l'Empereur permit à quelques entrepreneurs de bâtiments, d'avoir des réunions permanentes pour s'occuper des intérêts communs de la profession ; d'autres patrons de corps d'états ayant trait aussi au bâtiment, se joignirent à eux, et cette importante association, toute volontaire d'ailleurs pour les membres, se maintint jusqu'à la période actuelle sans être inquiétée. Elle forme le groupe dit « *de la Sainte-Chapelle.* »

La Restauration et le Gouvernement de Juillet, tout en tolérant les Syndicats de patrons, cherchent à enrayer le mouvement qui s'accentue vers l'association professionnelle ouvrière.

Au second Empire les associations reprennent un nouvel essor et s'imposent pour ainsi dire aux pouvoirs publics.

Le mouvement corporatif de cette époque est dû à plusieurs causes. Il a été favorisé puissamment par la Commission de Gouvernement créée par le décret du 28 février 1848. De plus, les expositions de Londres de 1851 et de 1862, qui avaient fourni aux délégations d'ouvriers français l'occasion de visiter les célèbres Trades-Unions, n'avaient fait qu'augmenter chez eux le désir de se réunir, de s'entendre et de discuter librement entre eux toutes les questions d'intérêt professionnel. Aussi dans leur rapport, qui était un véritable cahier de revendications ouvrières « le manifeste d'un pouvoir de l'Etat » (1) (M. Chevalier), la liberté d'association était-elle une de leurs principales revendications.

On voit bientôt des syndicats ouvriers se former de toute part, grâce à la tolérance administrative qui leur fut accordée à la suite du rapport ministériel de M. Forcade de la Roquette, du 30 mars 1868. Voici dans quels termes cette tolérance était accordée : « L'administration n'aura pas à intervenir dans la formation des chambres syndicales. Elle ne serait amenée à les interdire que si, contrairement aux principes posés par l'Assemblée Constituante dans la loi du 17 juin 1791, les chambres syndicales venaient à porter atteinte à la liberté du commerce et de l'industrie, ou si elles s'éloignaient de leur but pour devenir, à un degré quelconque, des réunions politiques non autorisées par la loi. »

Forts de cette circulaire, les ouvriers ne restèrent pas inactifs et bientôt de nombreuses chambres syndicales ouvrières prirent naissance. Nous citerons parmi les plus importantes, la *Société typographique* de Paris, la *Société générale de la Chapellerie* et enfin la célèbre *Association internationale des travailleurs*. Cette société, qui avait à sa tête le chef du socialisme allemand Karl Marx, s'était constituée à Londres.

---

(1) *Journal des Débats*, 18 novembre 1864.

Comme sociétés patronales à cette époque, il faut signaler l'*Union nationale du commerce et de l'industrie*, qui exerce aujourd'hui encore une influence considérable et le *Comité central des Chambres syndicales*, fondé en vue de représenter toutes les Chambres patronales de Paris.

L'Empire, qui, au début, avait été très libéral envers toutes ces sociétés, dut bientôt sévir contre l'Association internationale des travailleurs qui n'avait pas tardé à afficher des tendances révolutionnaires. Elle rêvait de transformer complètement la société et de supprimer le salariat, « cette forme nouvelle de l'esclavage. » Le Gouvernement impérial dût ordonner des poursuites contre un certain nombre d'adhérents français, coupables de s'être affiliés à une société non autorisée. Ces poursuites, la guerre de 1870, la loi de 1872 réprimant les menées de cette Association arrêtèrent complètement le mouvement corporatif et empêchèrent, dès cette époque, la reconnaissance du droit d'association professionnelle.

Cependant après l'Exposition de 1878, le mouvement reprit et se manifesta à nouveau avec force.

Faisant usage de la liberté de réunion, reconnue par la loi de 1868 et étendue par la loi de 1881, les intéressés ouvraient une campagne énergique en faveur de la reconnaissance légale des Associations professionnelles. Cette campagne fut dirigée par les Congrès ouvriers Les Chambres syndicales ouvrières envoyaient des députations aux Congrès socialistes et y formulaient leurs revendications parmi lesquelles se trouvait toujours la liberté d'association. Il en fut ainsi aux Congrès nationaux de Paris en 1876, de Lyon en 1878, de Marseille en 1879, du Havre en 1880 et de Reims en 1881.

De leur côté, les patrons réclamaient le même droit. M. Hiélard, président de l'Union nationale, en avril 1878, s'exprimait en ces termes : « Il faut que loin de trouver dans la loi un obstacle à son développement et à ses manifestations, le principe (de l'Association professionnelle) en reçoive la part de garantie et de protection réservée par le droit commun à chacun des organismes qui constituent la société. »

Le Gouvernement s'émut enfin des réclamations du monde du travail. Il comprit que l'état de choses actuel ne pouvait durer. Il était en effet tout à fait anormal de voir, en présence de la loi de 1791 toujours en vigueur, des associations se former non seulement ouvertement, grâce à la tolérance administrative, mais encore jouir quelquefois de la protection des pouvoirs publics. C'est cette situation étrange des associations professionnelles que résumait si bien M. Hiélard dans ces quelques mots : « *le pouvoir les tolère, les mœurs les protègent, mais la loi les condamne.* »

Une réforme urgente s'imposait : il fallait donner une situation légale aux associations professionnelles existantes, en proclamant le droit d'association.

Divers projets de loi furent déposés en ce sens : le premier de M. de Marcère en 1876, le second en 1878, de M. Lockroy.

Enfin le 22 novembre 1880, un projet de loi, relatif à la création des syndicats professionnels, était déposé sur le bureau de la Chambre au nom du Président de la République, par M. Jules Cazot, ministre de la justice, et M. Tirard, ministre de l'agriculture et du commerce. Le Gouvernement comprenait enfin qu'il était indispensable de donner une existence légale à des associations qu'il laissait vivre depuis longtemps d'une manière illicite.

DEUXIÈME PARTIE

ÉTUDE DE LA LOI DU 21 MARS 1884

Peu de lois ont été l'objet d'une étude aussi complète, d'une élaboration aussi longue que celle relative aux syndicats professionnels. Il suffit, pour s'en convaincre, de rapprocher les deux dates extrêmes, celle de la présentation du projet de loi (22 novembre 1880) et celle de la promulgation (21 mars 1884). Dans l'intervalle, elle a subi onze délibérations, soit à la Chambre des députés, soit au Sénat et ce n'est pas sans peine que les partisans des innovations les plus hardies ont enfin triomphé en 1884 de la résistance du Sénat.

Nous ne nous arrêterons pas aux travaux pré paratoires qui ne présentent plus maintenant qu'un intérêt historique ; nous nous contenterons, au cours de l'étude de cette loi de rappeler les discussions qui peuvent présenter un certain intérêt.

La loi promulguée le 21 mars 1884 permet aux patrons et ouvriers de se réunir en associations professionnelles libres pour la défense de leurs intérêts communs. Les lois restreignant la liberté d'association étaient abrogées, et les droits et les obligations des syndicats étaient fixés par cet acte législatif.

Ce n'était pas un retour aux anciennes corporations, mais simplement la consécration et la reconnaissance de ce qui existait en fait dans les chambres syndicales. « *La coutume devenait loi.* » Désormais les patrons et ouvriers ne vivent plus isolés, ils peuvent s'entendre et se concerter. C'était là un énorme progrès accompli que M. F. Passy (1) a su mettre en relief et retracé en quelques paroles éloquentes et fort justes : « Vous vous êtes dit, comme l'avait écrit Rossi, que la liberté n'est complète que lorsqu'à côté de l'action individuelle qu'elle autorise et facilite, elle permet l'action collective qui résulte de l'association et de l'accord volontaire.

L'isolement à son plus haut degré, dit Rossi, c'est pour ainsi dire l'état sauvage ; l'association forcée oppressive, c'est le despotisme, c'est la barbarie.

Entre ces deux extrêmes, l'histoire nous montre bien des nuances, bien des degrès ; la juste proportion se trouve dans des associations volontaires qui multiplient les forces par l'union, sans amoindrir la puissance individuelle, ni son éner-

---

(1) Discours à l'Assemblée générale du Comité central des chambres syndicales, le 30 mars 1886. *Recueil des procès-verbaux des séances du Comité central, avril 1886.*

gie, ni sa moralité, ni sa responsabilité. Tout peuple chez lequel peut se réaliser cette haute combinaison de la puissance individuelle avec le principe d'association est entré définitivement dans la carrière de la civilisation progressive. »

C'est cette loi que nous avons maintenant à examiner dans toutes ses dispositions.

TITRE Ier

CONSTITUTION DES SYNDICATS PROFESSIONNELS

CHAPITRE Ier

ABROGATION ET INAPPLICABILITÉ AUX SYNDICATS PROFESSIONNELS DES DISPOSITIONS CONTRAIRES A LA LOI ACTUELLE

L'esprit et le but de la loi du 21 mars 1884 ont été très nettement indiqués par la circulaire ministérielle du 25 août suivant, rédigée par M. Waldeck-Rousseau. La pensée dominante des pouvoirs publics a été de développer parmi les classes ouvrières l'esprit d'association et de leur permettre de réaliser, par leur propre initiative, les améliorations que réclame leur situation matérielle, intellectuelle et morale.

Or, pour atteindre ce résultat, il fallait d'abord supprimer toutes les entraves qui jusque là avaient comprimé leur essor. Le législateur de 1884 l'a compris. En abrogeant ou en déclarant inapplicables aux syndicats les lois qui entravaient la liberté d'association professionnelle, il a voulu montrer que le principe de liberté était prédominant dans la législation nouvelle : « Il convient, disait M. Lagrange dans son rapport, de maintenir en tête du projet les dispositions qui abrogent certaines lois, c'est la proclamation du principe de liberté. »

De là, la disposition de l'art. 1er ainsi conçu : « *Sont abrogés, la loi des 14-17 juin 1791 et l'article 416 du Code pénal. — Les articles 291, 292, 293, 294 du Code pénal et la loi du 10 avril 1834 ne sont point applicables aux syndicats professionnels.* »

Section I

Textes de Lois complètement abrogés.

a) L'abrogation du décret des 14-17 juin 1791, qui défendait aux patrons et ouvriers de former des associations professionnelles de plus de vingt personnes, n'a donné lieu à aucune difficulté. Ce décret avait cessé depuis longtemps d'être en harmonie avec l'état économique et social de notre époque et, en fait du reste, il n'était guère appliqué.

b) L'art. 416 du Code pénal. Il était ainsi conçu : « Seront punis d'un emprisonnement de six jours à trois mois et d'une amende de seize à trois cents francs, ou de l'une de ces deux peines seulement, tous ouvriers, patrons et entrepreneurs d'ouvrages, qui, à l'aide d'amendes, défenses, proscriptions, interdictions prononcées par suite d'un plan concerté, auront porté atteinte au libre exercice de l industrie ou du travail. »

L'abrogation de cet article ne laissa pas de soulever des difficultés au Parlement. De grandes discussions s'élevèrent au sujet de son maintien ou de sa suppression.

La question était de savoir s'il n'était pas nécessaire que le Gouvernement restât armé non seulement par les art. 414 et 415, qui réprimaient les violences graves, les voies de fait, menaces et manœuvres frauduleuses, mais encore par l'art. 416 pour préserver la liberté du travail de la contrainte morale si fréquente en cas de grève ?

La Commission de la Chambre avait proposé d'abroger les art. 414, 415 et 416. Sur la proposition de M. Ribot, on fit une distinction : on laissa subsister les art. 414 et 415, mais on abrogea l'art 416 qui ne réprimait aucun fait délictueux proprement dit, c'est-à-dire aucun fait de violence ou de fraude.

Au Sénat, au contraire, la suppression de l'art. 416 fut repoussée. Celui-ci redoutait les effets de la pression de la majorité sur la minorité, le danger de ces violences morales exercées sur les dissidents et les faibles, qui, dans la crainte d'être traités de transfuges, lâches ou traîtres, seraient obligés par esprit de corps de subir les décisions imposées par la majorité. Cette hostilité du Sénat dura longtemps : elle tomba cependant, après différentes modifications et un vote nouveau de la Chambre, devant l'intervention éloquente de MM. Tollain, président de la Commission sénatoriale et de Waldeck-Rousseau, Ministre de l'Intérieur.

De l'abrogation de l'art. 416 découlent d'importantes conséquences, telles qu'elles résultent de la jurisprudence la plus récente.

1° Le fait de se concerter pour préparer une grève n'est plus un délit, même si au plan concerté se joignent des amendes, défenses, proscriptions, mises en interdit d'établissements industriels ou d'ouvriers.

Une Assemblée générale d'ouvriers, qui prononce l'interdiction d'établissements industriels, ne constitue donc de sa part que l'exercice d'un droit régulier, même lorsqu'ils ont eu recours pour atteindre ce but, à des affiches et à des insertions dans les journaux, pourvu que l'on ne relève contre eux aucune allégation pouvant nuire à l'honneur ou à la considération de cet établissement (1).

2° De même la pression exercée par les ouvriers sur le patron, même en vertu du plan concerté, pour obtenir par exemple le renvoi d'un de leurs camarades (pression se manifestant notamment par la mise à l'index du patron), quelque répréhensible qu'elle puisse être dans certains cas, ne constitue plus un délit pénal (2).

---

(1) *Gazette du Palais*, 1885, 2, 133.

(2) Grenoble, 28 octobre 1890 ; Dalloz, 1891, 2, 241 ; *Gazette du Palais*, 9 mars 1892.

Mais cette pression ne constitue-t-elle pas un délit civil, conférant à l'ouvrier congédié le droit de réclamer des dommages-intérêts au syndicat? La question est vivement controversée.

La jurisprudence de la Cour de Grenoble, que nous venons de reproduire dans les considérations précédentes, avait décidé que la responsabilité du syndicat n'était nullement engagée vis à vis de l'ouvrier congédié et qu'il n'y avait pas lieu de lui accorder des dommages-intérêts.

L'affaire ayant été portée devant la Cour de Cassation, l'arrêt de la Cour de Grenoble fut réformé sur ce point. La Chambre civile décida que si les manœuvres imputées au syndicat ne constituaient plus un délit pénal, elles présentaient du moins tous les caractères d'un délit civil donnant ouverture, au profit de l'ouvrier congédié, à une action en dommages-intérêts contre le syndicat.

L'arrêt de principe de la Cour de Cassation, 22 juin 1892 (1), nous paraît absolument conforme à l'esprit de la loi de 1884. « La mise à l'index d'un ouvrier non syndiqué par le syndicat, dit avec raison M. Pic (2), est une violation flagrante du droit formellement reconnu à chacun par l'article 7, de rester étranger à tout groupement corporatif ou de sortir de ce groupement à son gré, quand il lui plaira de recouvrer son indépen-

---

(1) Sirey, 1893, 1, 41.

(2) Pic, *Traité élémentaire de législation industrielle*, page 92.

dance. Si les procédés déclarés légitimes par la Cour de Grenoble, condamnés au contraire par la Cour suprême, venaient à se généraliser, la situation deviendrait intenable pour les ouvriers non syndiqués, qui se verraient placés dans l'alternative ou d'entrer dans le syndicat ou de n'être embauchés nulle part, et ce, contrairement au principe de la liberté du travail, proclamée par la loi de 1791 et nullement abrogé par la loi de 1884 » (1).

De même, il ne saurait davantage être permis aux patrons d'empêcher le libre fonctionnement des syndicats, en usant de rigueur à l'encontre des syndiqués. C'est ainsi que le renvoi par un patron d'un ouvrier syndiqué, par le seul motif qu'il fait partie d'un syndicat, pourrait servir de base à une action en dommages-intérêts.

Certains syndicats ont malheureusemenl abusé de l'arme que le législateur leur avait confiée, car, à la suite de coalitions, des patrons et surtout des Compagnies et des Sociétés renvoyèrent souvent des ouvriers sous le seul motif d'appartenir à un syndicat.

---

(1) La doctrine de la Cour de Cassation a été confirmée depuis par de nombreux arrêts de jurisprudence. Citons-en quelques-uns : Cour de Lyon, 2 mars 1894 (*Bulletin de l'Office du travail*, 1894, p. 207). — Cour de Lyon, 15 mars 1895 (*La Loi*, n° du 28 mai). — Tribunal de la Seine, 1re Chambre, 4 juillet 1895 (*Bulletin*, 1895, p. 541). — Tribunal de Lyon, 10 août 1895 (*ibid.*, p. 600. — Tribunal de la Seine, 1re Chambre, 6 novembre 1895 (*ibid.*, 1896, p. 61). — Cour de Paris, 31 mai 1896 (*ibid.*, p. 316). — Ces arrêts accordent des dommages-intérêts de 1000, 2000 et même 3000 francs.

La Chambre, considérant que si de pareils faits venaient à se généraliser, le succès de la loi de 1884 pourrait se trouver compromis, vota à une grande majorité, le 13 mai 1890, une proposition de M. Bovier-Lapierre ainsi conçue : « Quiconque, patron, contremaîtres, employé ou ouvrier qui sera convaincu d'avoir par menace de perte d'emploi ou de privation de travail, refus motivé d'embauchage, renvoi d'ouvriers ou employés, *à raison de leur qualité de syndiqués*, violences ou voies de fait dans offres ou demandes de travail, entravé ou troublé la liberté des associations professionnelles ou empêché l'exercice des droits déterminées par la loi du 21 mars 1884, sera puni d'un emprisonnement d'un mois à trois mois et d'une amende de 100 à 2.000 francs. »

Mais cette loi ne maintenait plus l'égalité entre les patrons et les ouvriers, puisque la violation de la liberté du travail ne devenait passible de pénalités que quand elle émanait de ceux-là et non de ceux-ci. Il en résulta qu'après des discussions assez longues et diverses modifications qui n'aboutirent pas, le Sénat rejeta la proposition à une forte majorité.

Diverses autres propositions (1) conçues dans le même sens n'ont pas eu plus de succès et actuellement nous restons sous le régime de la responsabilité civile établie par la jurisprudence.

(1) *J. Off.* 1895, Doc. parlem., Chambre, n° 1606, p. 1470 ; *J. Off.* 1895, Débats parlem. 21 novembre, p. 2437.

SECTION II

Textes inapplicables aux Syndicats professionnels.

L'article 1er de la loi du 21 mars 1884 contenait deux espèces de dispositions : les unes, celles que nous venons d'examiner, générales, c'est-à-dire s'appliquant non seulement aux associations professionnelles, mais encore à toute réunion, à toute coalition quelconque, quels que soient son but et sa forme. Ce sont celles qui font l'objet du § 1er.

Les autres spéciales aux syndicats professionnels régulièrement constitués, font l'objet du § 2, ainsi conçu : « *Les articles 291, 292, 293, 294, C. P. et la loi du 10 avril 1834, ne sont point applicables aux syndicats professionnels.* »

Cette seconde catégorie de dispositions, à la différence de la précédente, constitue pour les syndicats professionnels un régime de faveur, puisque les autres associations ne sauraient s'en prévaloir. Pour celles-ci, en effet, les prescriptions et dispositions pénales des articles 291 et suivants existent toujours et subsisteront tant que le projet de loi sur les associations en général, depuis longtemps à l'étude, ne sera pas voté par le Parlement.

Les articles 291 et suivants défendaient à toute association de plus de vingt personnes, dont le but sera de se réunir tous les jours, ou à certains jours marqués, pour s'occuper d'objets religieux, littéraires, politiques ou autres, de se former sans l'agrément du Gouvernement. A défaut d'autorisation, la Société était dissoute et son chef ou directeur était passible d'une amende de 16 à 200 fr. — Même peine pour celui qui se rend complice du délit d'association en accordant l'usage de sa maison ou de son appartement. — Même peine aussi (loi de 1834) dans l'hypothèse où l'association est partagée en sections de moins de vingt personnes et ne se réunit pas tous les jours ou à des jours marqués.

L'abrogation de ces articles ne donna pas lieu à de grandes difficultés, l'existence des nouvelles associations était en effet tout à fait impossible avec ces dispositions. Toutefois l'abrogation de l'article 293 ne fut pas obtenue aussi aisément. Cet article était ainsi conçu : « Si par discours, exhortations, invocations ou prières, en quelque langue que ce soit, ou par lecture, affiche, publication ou distribution d'écrits quelconques, il a été fait dans ces assemblées quelques provocations à des crimes ou délits, la peine sera de 100 fr. à 300 fr. d'amende et de trois mois à deux ans d'emprisonnement contre les chefs, directeurs et administrateurs de ces associations, sans préjudice des peines plus fortes qui seraient portées par la loi contre les individus personnellement coupables de la provocation, lesquels, en aucun cas, ne pourront être punis d'une peine moindre que celle infligée aux chefs, directeurs et administrateurs de l'association. »

Le Sénat voulait le maintien de cette disposition pénale qu'il regardait comme une garantie nécessaire pour la répression des provocations aux crimes et délits qui peuvent parfaitement avoir lieu dans les réunions des syndicats et compromettre sévèrement l'ordre public. A titre de conciliation cependant, il avait voté un article additionnel par lequel les articles 23 et 24 de la loi du 29 juillet 1881 sur la liberté de la presse, qui punissent comme complices des crimes et délits, ceux qui par des discours... dans des lieux ou réunions publics auront provoqué à ces crimes ou délits, auraient été applicables aux réunions de syndicat.

Cette proposition du Sénat fut repoussée par la Chambre qui a considéré qu'il n'y avait pas de liberté sans la possibilité de l'abus, que la poursuite de pareils délits se heurterait le plus souvent à des difficultés insurmontables et enfin, et surtout, que les réunions des syndicats étaient des réunions privées.

Le Sénat dut s'incliner.

Y a-t-il d'autres dispositions pénales qui soient aussi inapplicables aux syndicats professionnels en dehors de celles prévues par l'article 1er, § 2, de la loi de 1884 ? La question s'est posée notamment au sujet de l'article 419, qui punit la coalition pour la hausse et la baisse du prix des denrées et marchandises.

Tout le monde admet que l'ensemble de cet article est toujours en vigueur pour les syndicats; il s'appliquera si la hausse ou la baisse du prix a été obtenue par les *moyens frauduleux* énumérés dans l'article. Mais s'appliquera-t-il encore lorsqu'il n'y a eu fraude en aucune façon mais simplement « réunion ou coalition entre les principaux détenteurs d'une même marchandise ou denrée » lesquels n'ont provoqué la hausse ou la baisse des prix que par des moyens loyaux ? En d'autres termes, l'article 419, C. P., n'est-il pas incompatible avec l'article 2 de la loi de 1884, et, puisqu'il n'a pas fait l'objet d'une abrogation expresse, ne doit-il pas être considéré comme ayant été abrogé virtuellement ?

La question est très controversée. Pour les uns, depuis la loi de 1884, le droit de coalition est devenu un moyen de défense général et légal pour toutes les professions. Ce droit peut-il s'exerçer avec le maintien de l'article 419 ? Non, car les syndicats sont créés pour organiser une action collective que cet article se propose d'entraver et de combattre. Donc, de la liberté de coalition reconnue incontestable, résulte nécessairement l'abolition virtuelle de l'article 419.

Cette opinion est soutenue par M. Claudio Jannet (1) qui s'exprime en ces termes : « La loi du 21 mars 1884, en autorisant les syndicats professionnels régulièrement constitués à se concerter pour étudier et défendre les intérêts industriels, rend cet article (art 419) inapplicable à des associations de ce genre formées entre producteurs, pourvu qu'ils n'emploient pas de manœuvres frauduleuses pour déterminer la hausse et qu'ils

(1) Claudio Jannet, *le Socialisme d'État*, p. 340.

se soient constitués régulièrement en syndicat professionnel » C'est aussi l'opinion de plusieurs commentateurs (1) de la loi de 1884. En effet, disent les partisans de ce système, quelle serait l'utilité des syndicats s'ils ne pouvaient « s'entendre pour la fixation du prix d'achat des matières premières, la détermination de la quantité à produire et le maintien ou le relèvement des prix, sans s'exposer aux rigueurs de la loi. »

Malgré ces raisons, qui ont une certaine force, nous ne saurions admettre ce système, et nous croyons que l'article 2 de la loi de 1884 peut très bien se concilier avec l'article 419, C. P. Nous admettons que les dispositions de cet article peuvent mettre quelques entraves à la défense des intérêts professionnels des syndicats, les gêner quelque peu, mais elles ne sont nullement contraires à la loi de 1884. Les syndicats peuvent prendre une grande extension et rendre d'immenses services malgré l'existence de l'article 419; c'est ce que nous constatons chaque jour. Cet article ne peut donc pas être abrogé virtuellement : « *porteriores leges ad priores pertinent nisi contariœ* » disait-on déjà en Droit romain et tel est toujours le principe.

La jurisprudence partage aussi cette opinion (2).

---

(1) Boulay, *Code des Syndicats prof.*, n° 154 — Gain, *Les Synd. prof.* p 48. — Boullaire, *Manuel des Syndicats*, p. 223.

(2) Voir notamment deux arrêts de la Cour de Paris, S 89, 2, 49 ; *Gazette du Palais*, 90, 2, 247 et un autre de la Cour de Lyon du 21 avril 1896.

De ce qui précède on peut conclure que le législateur de 1884 a fait aux syndicats professionnels une condition tout à fait privilégiée. Il établit en effet deux classes bien distinctes parmi les associations : les associations ordinaires, soumises à l'oppression des vieilles lois, les associations professionnelles favorisées par la nouvelle loi de 1884. Il est donc très important de savoir en quoi un syndicat consiste et quelles différences le séparent de toutes les autres associations. C'est ce à quoi nous allons nous appliquer dans le chapitre suivant.

CHAPITRE II

COMPOSITION DES SYNDICATS

SECTION I

Conditions requises quant aux Personnes.

Quelles personnes peuvent faire partie d'un syndicat ? La réponse se trouve dans l'article 2 de la loi ainsi conçu : *Les syndicats ou associations professionnelles, même de plus de 20 personnes exerçant la même profession, des métiers similaires ou des professions connexes concourant à l'établissement de produits déterminés, pourront se constituer librement sans l'autorisation du Gouvernement.* »

Donc deux conditions :

1° Il faut d'abord que les membres du syndicat exerçent une profession. La loi de 1884 ne définit pas la profession. D'où il suit que ce mot doit être pris et interprêté dans son acceptation large et naturelle, à savoir l'exercice habituel et régulier de certains travaux, que ces travaux soient ou non productifs de richesse matérielle.

2° L'art. 2 veut de plus que les professions de tous les membres qui composent un syndicat doivent avoir entre elles non une véritable identité, mais une certaine similitude.

Mais que doit-on entendre par métiers similaires, professions connexes ? Ces expressions ont quelque chose de vague. Qu'est-ce qui devait constituer le métier similaire ; qui devait l'apprécier ? A cette double question, on a répondu, lors des débats parlementaires, qu'il y avait une impossibilité matérielle, à cause des transformations successives de l'industrie, à insérer dans la loi une nomenclature permettant de distinguer quelles sont les professions similaires et quelles sont celles qui sont absolument différentes ? (1).

Pour nous, nous pensons que par métiers similaires on doit entendre ceux ayant entre eux certains points communs, les boulangers et les pâtissiers, par exemple ; par professions con-

(1) *J. off.* 1884, Sénat, déb. parlem., p. 150.

nexes, celles qui concourent à l'établissement d'un produit déterminé, comme un navire, une maison. C'est la définition que donnait le rapporteur, M. Tolain, dans la séance du Sénat du 21 février 1884. Telles sont encore les professions de tisseur et de teinturier, en ce sens que l'une et l'autre concourent à l'établissement d'un produit déterminé : le vêtement. Toutes les industries qui, de près ou de loin, touchent à cette industrie du vêtement, sont des industries connexes, et comme telles, elles pourront valablement se constituer en syndicat.

Dans le cas où des difficultés d'interprétation viendraient à se présenter, ce serait aux tribunaux à décider s'il y a identité, similitude ou connexité de professions.

L'art. 2 n'exigeant pas d'autre condition, pour faire partie d'un syndicat professionnel que l'exercice d'une profession, nous tirerons de là plusieurs conséquences.

1° Aucune capacité spéciale n'est exigée.

2° Les étrangers, les femmes et les mineurs peuvent en faire partie, pourvu que ces incapables puissent valablement contracter.

Les femmes, en particulier, y ont grand avantage, à cause des intérêts professionnels importants qu'elles représentent aujourd'hui. En fait, elles forment à elles seules plusieurs syndicats dont les bons effets sont évidents : syndicats de caissières, de servantes de restaurant, d'employées de magasins...

Un sénateur, M. Lalanne (1), avait du reste proposé un article additionnel excluant des associations professionnelles les femmes, les étrangers et les mineurs. Le Sénat refusa de prendre la proposition en considération.

En ce qui concerne les étrangers, leur admission résulte, non seulement du rejet de la proposition ci-dessus, mais encore des principes généraux du droit commun, d'après lesquels les étrangers peuvent faire partie des sociétés françaises. Elle est même consacrée implicitement par l'art. 4 § 4 de la loi de 1884, qui, en exigeant la qualité de Français pour les administrateurs suppose que cette qualité n'est pas nécessaire chez les simples membres.

3° Aucune condition de domicile n'est non plus exigée pour entrer dans un syndicat déterminé.

Une même association peut donc comprendre des membres habitant les différents points du territoire et même les colonies où la loi s'applique.

4° Enfin aucune limitation n'est faite dans le nombre des syndiqués. Ceci résulte de l'art. 1er qui déclare l'art. 291 du Code pénal abrogé et de ces mots de l'art. 2 : « même de plus de vingt personnes. » Les membres d'un syndicat pourront donc être fort nombreux ; certains syndicats comprennent déjà plusieurs milliers d'adhérents.

Ces deux dernières observations ont leur importance : par leur étendue et le nombre de leurs

(1) *J. off.* 1884, Sénat, déb. parlem., p. 477.

membres, certaines associations peuvent exercer une grande influence et rendre d'immenses services aux diverses branches de l'industrie nationale ; elles se feront aussi entendre plus facilement des pouvoirs publics.

A côté de ces points qui ne sont point discutables, il en est d'autres, relatifs encore à la composition des syndicats, qui donnent lieu à de sérieuses controverses.

C'est ainsi qu'on s'est demandé si les patrons et ouvriers d'une même industrie pouvaient se syndiquer dans une seule et unique association, c'est-à-dire former un *syndicat mixte*. On l'a nié en faisant remarquer qu'au moment de la loi, il n'existait que des syndicats de patrons ou des syndicats ouvriers, mais qu'il n'y en avait pas de mixtes. Or la loi n'a été votée que pour donner une existence légale aux associations qui existaient déjà en fait depuis longtemps et c'est à elles seules qu'elle a donné le droit de vivre. On s'est prévalu aussi pour établir l'illégalité des syndicats mixtes de l'art. 6 de la loi de 1884, lequel porte : « les syndicats professionnels de patrons ou d'ouvriers auront le droit. » La disjonctive *(ou)* prouverait que les syndicats peuvent comprendre des patrons ou des ouvriers, mais non pas des patrons et des ouvriers.

Cette opinion ne nous semble pas admissible.

1° L'interprétation de l'art. 6 n'a pas pour but de déterminer quelles sont les personnes admises à figurer dans un syndicat : L'article relatif à cette question est l'article 2 ; or l'art. 2 est conçu dans les termes les plus généraux.

2° Cette interprétation est en opposition formelle avec les travaux préparatoires, M. de Mun ayant proposé un amendement tendant à reconnaître les syndicats mixtes, M. Floquet fit repousser l'amendement comme inutile, attendu que la loi était conçue en termes assez généraux pour qu'aucun doute ne put subsister sur leur légitimité.

3° Enfin au point de vue de la pacification sociale les syndicats mixtes peuvent exercer une puissante influence. Par eux on espère, en effet, calmer l'antagonisme des classes. C'est là une idée chère aux socialistes chrétiens, qui voient dans l'union de l'ouvrier et du patron un moyen de se connaître, de s'aimer, de se rendre mutuellement service et de défendre ensemble plus efficacement les intérêts de leur profession.

Les syndicats peuvent-ils admettre dans leur sein des *membres honoraires ?* Nous ne le pensons pas. En effet, ces membres honoraires seront toujours de grands propriétaires, des rentiers, des hommes politiques, qui, la plupart du temps, n'exerçent aucune profession. Ils ne rentrent donc nullement dans les termes de l'article 2.

En fait, cependant, ceux qui voudront aider un syndicat, même n'étant pas en droit d'en faire partie, pourront lui faire des dons, car il peut recevoir des libéralités. Ils pourront aussi faire des conférences, des cours, assister même aux séances. Mais ils ne doivent pas s'immiscer dans l'administration et le fonctionnement de la société sans quoi ils s'exposent à être poursuivis.

Telle est du reste la solution admise par la jurisprudence. Aux termes d'un jugement (1) du Tribunal civil de Bordeaux : « Si les syndicats professionnels peuvent comporter l'admission de membres honoraires, ce n'est évidemment qu'à la condition strictement observée que ces membres restent honoraires et ne prennent aucune part active au fonctionnement de l'association. »

Une autre question très controversée qui a aussi son importance est celle de savoir si la loi de 1884 permet aux membres des *professions libérales* de se syndiquer ? Des médecins, des avocats, des professeurs peuvent-ils former un syndicat ayant pour objet la défense des intérêts matériels de leur profession ?

Dans le sens de l'affirmative, on peut invoquer les dispositions de l'article 2, qui ne fait pas de distinction entre les différentes professions. De plus, on doit entendre ce mot dans son sens vulgaire qui est « l'exercice régulier et habituel de certains travaux ». Pourquoi donc une association de personnes exerçant l'une de ces professions ne pourrait-elle valablement se constituer en la forme des syndicats professionnels, lorsque ces associations auront pour objet l'une des causes énoncées en l'article 3 ?

(1) *Revue des Sociétés*, 1889, p. 264.

La plupart des partisans de cette interprétation extensive admettent cependant un tempérament à leur système. D'après eux le droit de se syndiquer doit être refusé aux avocats et aux officiers ministériels, qui sont régis par des lois spéciales, ainsi qu'aux militaires, aux ministres des cultes, aux fonctionnaires parce qu'ils sont attachés à des services publics auxquels ils doivent demeurer rigoureusement soumis sous peine de compromettre gravement l'ordre social.

En dehors de ces exceptions, toutes les personnes exerçant une profession quelconque même libérale, auraient le droit de former des syndicats professionnels (médecins, membres de l'enseignement libre, agents d'affaires, hommes de lettres). Cette interprétation a été admise par un certain nombre de tribunaux, notamment par le Tribunal de la Seine (1), qui a reconnu aux instituteurs libres le droit de se syndiquer, faisant remarquer que si les personnes exerçant une profession libérale n'ont pas d'intérêts commerciaux, agricoles et industriels à défendre, elles ont tout au moins des intérêts économiques communs et que la loi de 1884 place ces intérêts sur le même plan que les autres.

Pour nous, en présence du texte et surtout des travaux préparatoires de la loi de 1884, cette solution si équitable nous paraît difficilement admissible. C'est d'ailleurs ce que pense la majorité de

(1) Sirey, 1890, 2, 144.

la doctrine, et ce qui a été jugé avec raison par la Cour de Cassation dans son arrêt de principe du 27 juin 1885 (1). Il s'agissait dans l'espèce d'un individu qui était poursuivi par le parquet de Domfront pour exercice illégal de la médecine : les docteurs constitués en syndicat, se portèrent partie civile. Le Tribunal, par jugement du 6 décembre 1884, déclara cette intervention nulle en se fondant sur ce motif que la loi de 1884 n'autorise point de syndicats entre membres de professions libérales. Appel des médecins de Domfront devant la Cour de Caen qui confirme le bien fondé de la décision des premiers juges. Nouveau pourvoi devant la Cour de Cassation qui le rejeta par arrêt du 27 juin 1885 : attendu que la loi sur les syndicats professionnels n'a point été rendue applicable à toutes les professions ; — que les travaux préparatoires ont constamment affirmé la volonté du législateur d'en restreindre les effets à ceux qui appartiennent, soit comme patrons, soit comme ouvriers ou salariés à l'industrie, au commerce ou à l'agriculture, à l'exclusion de toutes autres personnes et de toutes autres professions ; — que la loi n'est pas moins absolue dans ses termes, puisque d'une part dans l'article 6, elle réserve les droits qu'elle confère aux seuls syndicats de patrons et d'ouvriers ; que, d'autre part, dans l'article 3 elle limite l'objet de ces syndicats à l'étude et à la

(1) Dalloz, 1886, 1, 137.

défense des intérêts économiques, industriels, commerciaux et agricoles, refusant ainsi le droit de former des syndicats à tous ceux qui n'ont à défendre aucun intérêt industriel, commercial et agricole, ni par suite aucun intérêt économique se rattachant d'une façon générale à l'un des intérêts précédents. »

Pour nous la doctrine de la Cour de Cassation nous semble à l'abri de toute contestation sérieuse au point de vue juridique pour diverses raisons :

1° S'il est vrai que la loi de 1884 est une loi de liberté, elle est aussi une loi d'exception qui déroge au droit commun en matière d'association. Or, comme toute loi qui déroge au droit commun, elle doit être interprêtée restrictivement.

2° Quant aux textes, il est incontestable que la loi ne s'applique pas aux professions libérales. — L'article 3 qui précise l'objet des syndicats s'exprime ainsi : l'étude et la défense de leurs intérêts économiques, industriels, commerciaux et agricoles. Le sens du mot économique se trouve donc limité par les expressions industriels, commerciaux et agricoles.

3° L'intention du législateur n'est pas moins certaine que le texte. Dans tous les rapports, dans tous les discours, on ne parle que des syndicats de patrons et d'ouvriers, ces expressions étant prises dans un sens large et embrassant les commis, employés, comptables. C'est ainsi qu'au cours de la discussion de la loi (amendement Beauquier), M. Allain-Targé, rapporteur, fit les déclarations suivantes : « Nous voulons que les sociétés syndicales soient formées uniquement d'ouvriers ou de patrons, de gens de travail en un mot. Nous voulons par cette loi émanciper le travail, le délivrer des servitudes auxquelles depuis assez longtemps il a été soumis.... » C'est dans le même courant d'idées que fut introduit le mot « exclusivement » dans l'article 3. Tous les rapports qui ont suivi celui de M. Allain-Targé ne parlent que des syndicats de patrons et d'ouvriers.

La Cour de Cassation nous paraît donc avoir fait une saine interprétation de la loi de 1884 par son arrêt de principe du 27 juin 1885. Toutefois on a prétendu que cet arrêt était en contradiction avec un arrêt de la Cour de Paris du 20 janvier 1886, qui autorise les pharmaciens à se syndiquer. C'est une erreur. Il suffit pour justifier la différence de situation faite par la jurisprudence aux syndicats de médecins et aux syndicats de pharmaciens de se reporter à cet arrêt de la Cour de Paris et l'on se convaincra facilement que les arguments qui ont fait reconnaître l'existence et la légalité des uns sont inapplicables aux autres. Les pharmaciens peuvent en effet se syndiquer parce qu'ils n'exercent qu'une profession commerciale, que leur profession, dit l'arrêt, rentre dans la première des catégories spécifiées par l'article 632, C. C., qu'ils achètent des marchandises pour les revendre, et que par suite, étant industriels et commerçants, ils peuvent invoquer le bénéfice de la loi sur les syndicats professionnels.

Nous ne contestons pas qu'en certains cas l'opinion que nous soutenons puisse conduire à des résultats regrettables ; nous admettons volontiers que les membres des professions libérales ont des intérêts à soutenir, aussi bien que les patrons et ouvriers ; nous convenons que toutes les professions devraient être égales devant la loi comme tous les citoyens. Mais ce sont là des considérations qui se heurtent au texte même de la loi : *dura lex, sed lex !*

Tout ce que nous pouvons souhaiter, c'est qu'elles soient de quelque poids aux yeux du législateur futur, qu'elles lui permettent de compléter l'article 2 par une disposition additionnelle, laquelle préciserait si certaines professions qui le demandent instamment pourraient se syndiquer.

Jusqu'ici les médecins seuls ont reçu satisfaction sur ce point. Le Parlement par l'article 13 de la loi du 30 novembre 1892 sur l'exercice de la médecine a en effet permis aux médecins, chirurgiens, dentistes et sages-femmes « de se constituer en associations syndicales, dans les conditions de la loi du 21 mars 1884 pour la défense de leurs intérêts professionnels à l'égard de toutes personnes autres que l'Etat, les départements et les communes. »

Le vote de cette loi fournit un argument de plus en faveur de la thèse que nous soutenons, car, si, jusqu'à cette date, les syndicats professionnels de médecins ont été simplement tolérés, n'en doit-on pas logiquement conclure par *a contrario* que les autres professions libérales se trouvent aujourd'hui encore dans l'impossibilité légale de se syndiquer. Par suite, il y a là entre les différentes professions libérales une inégalité de traitement choquante et regrettable. Il est à souhaiter que cette situation prenne fin par un vote législatif du Parlement, étendant le droit d'association à toutes les professions libérales.

Une autre question, est celle de savoir si l'on peut permettre l'entrée des syndicats aux rentiers et même aux propriétaires fonciers ? Cette question est encore vivement controversée. Mais on doit tout d'abord faire une distinction. Les propriétaires fonciers cultivant eux-mêmes ou qui font exploiter en régie par des ouvriers à leur solde, exerçant une profession, celle d'agriculteurs, ont évidemment le droit de se constituer en syndicats.

Mais les propriétaires non exploitants de terres affermées, peuvent-ils comme les cultivateurs, les fermiers, valets de ferme, ouvriers, faire partie d'un syndicat professionnel ? L'affirmative a été soutenue d'une façon fort brillante par MM. Boullaire et Sénart (1) de la Société des Agriculteurs de France.

Pour eux, la question ne semble présenter aucun doute. Les rentiers et les propriétaires non

(1) Boullaire, *Manuel des Syndicats agricoles*, p. 38 ; Sénart, *Bulletin de la Société des Agriculteurs de France*, mai 1885, p. 381 et suiv.

exploitants ont des intérêts économiques considérables dans l'agriculture : les écarter des syndicats agricoles serait un non-sens.

A l'objection qu'être propriétaire de terres affermées n'est ni une profession ni un métier, les partisans de cette opinion prétendent que le mot profession s'entend de tout état, de tout emploi, de toute condition ; « que l'état, la condition du propriétaire de terres, qui les loue pour une exploitation agricole, est par ce fait une profession qui se rattache à l'agriculture et qui lui ouvre l'accès aux syndicats agricoles. » Le propriétaire non exploitant n'est point dessaisi de sa terre ; il doit intervenir sans cesse dans l'administration de son fonds, ses capitaux étant engagés dans l'industrie agricole qu'il afferme.

Nous n'admettons pas cette théorie qui entraînerait bien loin leurs partisans s'ils voulaient être logiques avec eux-mêmes. En effet ils seraient obligés d'admettre aussi dans un syndicat industriel les propriétaires d'usines. Ainsi on arriverait à des conséquences que la loi n'a jamais prévues : tout individu finirait par pouvoir faire partie d'un syndicat quelconque.

Cette solution est peut-être rigoureuse, mais elle est conforme au texte et à l'esprit de la loi. Tout en admettant comme dans l'espèce précédente qu'il y a peut-être ici aussi une lacune regrettable dans la loi, nous ne pouvons que la constater et non la combler : c'est au législateur que ce soin appartient.

Section II

Conditions requises quant à l'Objet des Syndicats professionnels.

Le second caractère requis pour la constitution des syndicats professionnels est relatif à leur objet. Il est ainsi défini par l'art. 3 : « *les syndicats professionnels ont exclusivement pour objet l'étude et la défense des intérêts économiques, industriels, commerciaux et agricoles.* »

Par cette disposition, le législateur a restreint et circonscrit l'objet des syndicats à l'étude et à la défense des seuls intérêts économiques. Sa préoccupation constante fut d'éviter que sous le nom de syndicats il ne se forma des associations politiques ou religieuses qui auraient pu devenir dangereuses pour la paix publique. Ce ne fut pas sans difficultés que cette restriction fut admise; elle donna lieu à une longue discussion (1).

Le projet du Gouvernement était ainsi conçu : « Les syndicats professionnels ont exclusivement pour objet l'étude et la défense des intérêts professionnels, économiques, industriels et commerciaux *communs à tous leurs membres.* » Mais ces mots ont été supprimés, car on n'a pas voulu soustraire à l'étude des syndicats, les questions générales qui intéressent toutes les professions quelconques, sans être du domaine exclusif

(1) Sénat, Deb. parlem., *J. Off.*, p. 751 et suiv.

d'aucune d'elles. La Chambre des Députés, de son côté, voulant élargir les attributions des syndicats, avait ajouté ; « *et des intérêts généraux de leurs professions et métiers.* » Puis dans un second paragraphe, elle indiquait les principales opérations que les syndicats pouvaient tenter d'une manière accessoire : création de caisses d'assurance... établissement d'ateliers de refuge... organisation de sociétés coopératives... offices de renseignements... etc. Ce second paragraphe, loin de rendre la loi plus claire, n'aurait été qu'un nid à procès et à systèmes. Il fut renvoyé à la Commission qui le supprima, l'expression « *intérêts économiques* » étant assez compréhensible par elle-même.

Au Sénat on retrancha les mots « et des intérêts généraux de leurs professions et métiers. » Puis, en seconde délibération, on ajouta le mot « *agricoles* » sur la proposition de M. Oudet ; cette addition, inutile en apparence, eut, en fait, de grands résultats, car elle éveilla chez les agriculteurs le désir de se syndiquer, et nous verrons quel parti ils surent en tirer.

La Chambre ayant adopté l'article 3 tel qu'il lui revint du Sénat, on aboutit enfin au texte actuel.

Renfermé dans ces limites, le champ d'application des syndicats professionnels ne cesse pas d'être vaste, ils peuvent s'occuper de tout ce qui intéresse le développement de la richesse d'une nation et plus particulièrement des questions qui sont relatives à la propriété, aux salaires, aux impôts, aux conditions de travail. Ils doivent prendre aussi toutes les mesures nécessaires pour protéger la profession.

Une conséquence importante de cette idée, c'est qu'on ne saurait, à notre avis, refuser aux syndicats le droit de s'occuper de questions confinant à la politique, lorsque celles-ci présentent un intérêt industriel direct. Il en serait ainsi notamment des élections aux Conseils de Prud'hommes et aux Tribunaux de Commerce. C'est ainsi qu'ils pourront organiser une propagande électorale et employer tous les moyens de réclamations susceptibles de faire triompher leurs candidats préférés. Telle est du reste l'opinion des Parquets qui ne se sont jamais avisés de poursuivre les administrateurs des syndicats pour avoir recommandé aux électeurs commerciaux telle ou telle liste.

L'objet des syndicats étant déterminé, il est utile de les distinguer d'autres sociétés avec lesquelles on pourrait les confondre. Nous voulons parler des sociétés commerciales régies par le Code de commerce et la loi du 24 juillet 1867, et des associations syndicales agricoles régies par la la loi du 21 juin 1865 et du 22 décembre 1888.

La loi du 21 mars 1884 déroge-t-elle à ces lois, ou bien peut-elle vivre côte à côte et parallèlement à celles-ci? Comment, en ce cas, concilier les règles de ces lois spéciales avec celles de l'article 3?

1° Distinguons d'abord les syndicats des sociétés commerciales. La différence est dans leur objet et leur raison finale. Les syndicats ne peuvent avoir pour objet que l'étude et la défense des intérêts professionnels. Les sociétés ont pour but l'exploitation d'un fonds commun en vue d'en retirer un bénéfice à répartir entre les ouvriers (art. 1832, C. C.). Si les principales opérations ont le caractère commercial, la société est commerciale et est soumise aux règles du Code de commerce et de la loi de 1867. Aussi une société, ayant les caractères d'une société commerciale, ne pourrait-elle se constituer sous la forme d'un syndicat, sous peine de nullité. De même un syndicat ne saurait faire les opérations d'une société commerciale sans prendre les formes propres à cette dernière.

2° Il faut aussi se garder de confondre les syndicats professionnels avec les associations syndicales qui ont pour objet « certains travaux agricoles faits dans un intérêt collectif » tels que le desséchement des marais, la défense contre les inondations, les irrigations, les drainages.

Ces associations sont libres, autorisées, quelquefois même forcées. Les droits de ces associations sont différents suivant la classe à laquelle elles appartiennent, mais ils sont plus étendus que ceux accordés par la loi de 1884. C'est ainsi qu'elles jouissent d'une capacité civile très grande. Elles peuvent, sans restriction, citer en justice, acquérir, vendre, échanger, transiger, emprunter, hypothéquer. » De plus, des personnes peuvent en faire partie à qui la porte des syndicats est fermée (établissements publics, propriétaires non exploitants, par exemple).

Certains des objets prévus par la loi de 1865 peuvent rentrer dans la défense et l'étude des intérêts agricoles, et l'objet des associations syndicales peut être dans quelques cas identique On pourra donc dans ces cas se conformer à la loi de 1865 ou bien à celle de 1884 : dans la première, la capacité est plus grande, mais le champ d'action restreint ; dans la seconde, la capacité est un peu limitée, mais le champ d'action est vaste

CHAPITRE III

FORMALITÉS NÉCESSAIRES POUR LA CONSTITUTION DES SYNDICATS PROFESSIONNELS

Parmi ces formalités, les unes, générales, sont nécessaires à la constitution de tout syndicat ; les autres sont spéciales aux administrateurs et directeurs.

Section I

Règles communes à la Constitution de tout Syndicat.

Elles sont énumérées dans l'article 4 ainsi conçu :

« *Les fondateurs de tout syndicat professionnel devront déposer les statuts et les noms de ceux qui, à un titre quelconque, seront chargés de l'administration et de la direction.*

Ce dépôt aura lieu à la mairie de la localité où le syndicat est établi, et, à Paris, à la préfecture de la Seine.

Ce dépôt sera renouvelé à chaque changement de la direction ou des statuts.

Communication des statuts devra être donnée par le Maire ou par le Préfet de la Seine au Procureur de la République. »

En faisant disparaître toutes les entraves au libre exercice du droit d'association pour les syndicats professionnels, la loi de 1884 a supprimé, dans une même pensée libérale, toutes les autorisations préalables, toutes les prohibitions arbitraires et les formalités inutiles. Pour qu'ils soient établis d'une manière régulière, il leur suffira dorénavant de se faire connaître.

La publicité, telle est donc la seule obligation de forme imposée par la loi aux syndicats en formation. Ceux-ci satisferont à cette condition au moyen du *dépôt préalable* :

1° Des statuts du syndicat ;

2° Des noms de ceux qui, à un titre quelconque, seront chargés de l'administration ou de la direction de l'association.

1° La loi qui exige le dépôt des statuts doit évidemment fournir les moyens nécessaires pour la rédaction des dits statuts. Nous entendons dire par là que les membres d'une même profession, désirant constituer un syndicat, pourront se réunir librement, sans autorisation, pour en concerter les dispositions jusqu'au jour où les statuts en seront arrêtés (1).

(1) *Circulaire ministérielle*, 25 août 1884.

Les statuts devront mentionner d'une façon précise l'objet du syndicat, les conditions concernant l'admission des nouveaux membres, le siège de la société, son étendue territoriale, sa durée, le montant des cotisations... en un mot tout ce qui intéresse l'existence et le bon fonctionnement du syndicat.

Ils devront être constatés par écrit, mais nous ne croyons pas que l'acte constitutif, s'il est rédigé sous seing privé, doive être fait en autant d'originaux qu'il y a d'adhérents. La circulaire ministérielle exige la rédaction de statuts en double, afin de faciliter la communication au Ministère Public. Ce faisant, elle s'est évidemment conformée à l'esprit général de la loi, on doit donc considérer le dépôt de deux exemplaires comme suffisant.

2° Quant à la déclaration des noms, elle ne doit comprendre que les noms des administrateurs et directeurs du syndicat, et non pas les noms des associés. Il ne saurait y avoir aucun équivoque sur ce point, le texte est formel. Le projet du Gouvernement était plus rigoureux en demandant le dépôt des noms de tous les associés. Cette disposition fut rejetée avec raison parce qu'elle constituait à l'égard des syndiqués une mesure policière excessive et que du reste sa réalisation auraitdonné lieu à de grandes difficultés pratiques.

Le dépôt effectué, les déposants reçoivent un récépissé constatant l'accomplissement des formalités légales.

Lorsque toutes ces formalités sont remplies, le syndicat professionnel est alors valablement constitué et le dépôt qui a été fait des statuts « équivaut à une déclaration de naissance et lui confère un état civil. » (Circulaire ministérielle).

La communication des statuts au Ministère public est laissée à la diligence des maires ; en pratique ceux-ci mettent une extrême négligence à prévenir le parquet.

Il est regrettable qu'aucune publicité par la voie de la presse n'ait été exigée, les tiers ayant intérêt à connaître l'existence du syndicat ; cette publicité eut été plus sérieuse que celle résultant du dépôt.

Reste une dernière question : tous les syndicats sont-ils soumis à la formalité du dépôt ? L'affirmative ne saurait faire aucun doute à la suite des débats qui eurent lieu à ce sujet devant les Chambres. Il avait en effet été question, lors de la discussion, de créer deux catégories de syndicats, les uns devaient être dispensés de tout dépôt de statuts et affranchis de toute formalité ; les autres, ceux qui voulaient obtenir la personnalité civile, devaient être astreints au dépôt de leurs statuts. Pourquoi, disait-on à l'appui de cette distinction, se montrer plus généreux qu'il n'est nécessaire et imposer la personnalité à des associations qui peuvent n'en avoir pas besoin ? Pourquoi leur imposer des conditions de publicité qu'il peut leur répugner de remplir ? Ces raisons, qui prévalurent à la Chambre, furent repoussées par le Sénat sur l'insistance de M. Barthe. Celui-ci fit observer que dispenser certains syndicats de la nécessité du dépôt, c'était favoriser toutes les sociétés occultes ou secrètes et faciliter des affiliations clandestines répandues partout le territoire. Il ajoutait que l'obligation du dépôt était le corollaire nécessaire des avantages divers que la loi de 1884 accordait aux syndicats, notamment celui résultant par eux de l'abrogation des articles 291 et suivants du C. P., alors qu'aucune autre association ne pouvait revendiquer de pareils privilèges (1).

Le Sénat se rallia à la thèse soutenue par son rapporteur et la dualité des syndicats fut repoussée. Le dépôt préalable oblige donc indistinctement tous les syndicats professionnels, qu'ils veuillent ou non revendiquer la personnalité civile.

De même, nous pensons qu'il ne saurait être fait d'exception pour les syndicats existant avant la loi de 1884. En eff t, ils n'ont point été distingués des autres, ils sont donc soumis aux mêmes obligations et par conséquent doivent remplir les mêmes formalités.

Section II

Règles spéciales aux Administrateurs des Syndicats

Les syndicats professionnels ont à leur tête des administrateurs ou des directeurs, qui doivent

(1) Sénat, déb. parlem., *J. Off.*, 1884, p. 2013 et suivantes.

satisfaire à la triple condition d'être membre du syndicat, français, et de jouir de leurs droits civils : « *les membres de tout syndicat professionnel, chargés de l'administration ou de la direction de ce syndicat devront être Français et jouir de leurs droits civils.* » (Art. 4, § 5).

1° La première condition ne veut pas dire que les membres du syndicat *seuls* peuvent être choisis pour être les admistrateurs, mais bien que tout administrateur pris en dehors de l'association, fut-il même étranger, devient par le fait même de son acceptation membre du syndicat et doit par suite satisfaire aux conditions professionnelles exigées par l'article 2. Il y a là une différence avec les sociétés en nom collectif ou en commandite dont les gérants peuvent ne pas être des associés.

2° Une seconde condition, imposée aux administrateurs, c'est la qualité de Français.

La Chambre des Députés repoussant le projet du Gouvernement (qui excluait les étrangers même à titre de membres) les avait admis non seulement comme membres, mais encore comme administrateurs. Cependant, en seconde lecture, sur les instances de M. Legrand, elle exigea la qualité de Français pour ceux qui sont chargés de l'administration. Le Sénat, à une forte majorité, adopta cette disposition (1). On a craint qu'il existât en France des syndicats exclusivement composés

(1) *J. Off.*, 1881, Chambre, déb. parl., 1165 ; 1882, Sénat, déb. parl., 1775.

d'étrangers, qui, en servant les intérêts de l'étranger au lieu des nôtres, auraient pû constituer, au point de vue du patriotisme, un véritable danger.

Sans nous attarder à discuter la valeur de ces arguments qui prévalurent devant le Parlement, nous ferons simplement remarquer que cette décision a un certain caractère d'illogisme. Comment admettre en effet une semblable mesure, lorsqu'on a refusé d'exclure les étrangers du bénéfice de la loi ? Comment expliquer la tolérance dont bénéficient en France de nombreuses sociétés étrangères, commerciales, industrielles, financières dirigées par des étrangers ? Ces sociétés ne présentent-elles pas plus de dangers par les capitaux et la puissance dont ils disposent que les syndicats professionnels ? Et cependant on n'a pris contre elles aucune mesure restrictive de ce genre ?

Les étrangers admis à établir leur domicile en France pourraient-ils être directeurs ou administrateurs de syndicats ? En effet d'après l'art. 13 C.C. l'étranger autorisé à établir son domicile en France y jouit de tous les droits civils. Or le droit d'administrer un syndicat est un véritable droit civil.

Malgré cette déduction logique, nous ne pouvons admettre que les étrangers visés par l'art. 13 du C. C. puissent faire partie de la direction d'un syndicat. Le texte ne fait aucune distinction et l'esprit de la loi est certain : la Chambre avait admis cette distinction entre les étrangers ordinaires et ceux autorisés à établir leur domicile en

France, mais le Sénat la rejeta. (J. off. Sénat 1884, déb. parl. p. 204.)

3° Enfin la loi ne se contente pas de la qualité de Français, elle veut encore que les administrateurs et directeurs des syndicats jouissent de leurs droits civils.

Cette expression est inexacte puisqu'on ne perd la jouissance des droits civils qu'avec la qualité de Français, c'est à dire en devenant étranger, ce qui ferme l'accès des fonctions d'administrateur ou de directeur des syndicats professionnels ; si la loi avait exigé la jouissance des droits civils, elle n'aurait rien ajouté à la condition d'être Français. Evidemment elle a confondu ici la jouissance avec l'exercice ; elle n'a voulu atteindre que ceux qui sont privés de l'*exercice* de leurs droits civils. Cette interprêtation est du reste confirmée par les travaux préparatoires et par la circulaire du Ministre de l'Intérieur, qui s'exprime en ces termes : « les Français qui ne jouissent pas de leurs droits civils, c'est à dire ceux auxquels une condamnation a enlevé l'exercice de quelques-uns de ces droits. »

Conformément à cette explication, seront donc incapables d'être administrateurs de syndicats :

1° Tout individu condamné à une peine criminelle, voire même à la dégradation civique, qui, si elle n'emporte pas interdiction légale, fait perdre cependant au condamné, la jouissance de certains droits (art. 32 C. P.)

2° Les condamnés à la dégradation militaire,

laquelle implique dégradation civique (art. 190, Code de justice militaire).

3° Les condamnés correctionnels privés de certains droits civils.

4° Les individus déchus de la puissance paternelle (loi du 24 Juillet 1889, art. 1, 2, 3.)

La loi ne parlant que des droits civils, il en résulte nécessairement par *a contrario* que la capacité politique n'est pas requise. Il n'est nullement nécessaire d'être citoyen français pour administrer un syndicat ; en conséquence, ces fonctions seront accessibles soit aux femmes, soit aux faillis. Ceux-ci ont bien perdu l'exercice de leurs droits politiques, mais ni les uns ni les autres ne sont civilement incapables.

Il nous reste à faire une dernière observation. A côté des administrateurs ou des directeurs, un syndicat comprend sous le nom de *chambre syndicale* un certain nombre de membres chargés de veiller plus spécialement aux intérêts communs de l'association. Ces membres devront-i's eux aussi satisfaire aux conditions que nous venons d'examiner ? La négative ne saurait faire de doute dans le cas où la Chambre Syndicale se contente d'émettre des avis sur les intérêts des syndicats. Mais, si comme cela leur est permis quelquefois par les statuts, elle peut imposer au Bureau des résolutions définitives, en ce cas, elle administre et dirige et ses membres devront alors satisfaire aux conditions de l'art. 4.

TITRE II

FONCTIONNEMENT DES SYNDICATS PROFESSIONNELS

CHAPITRE Ier

LEUR CAPACITÉ JURIDIQUE

Elle est déterminée par l'article 6 ainsi conçu :

« *Les syndicats professionnels de patrons ou d'ouvriers auront le droit d'ester en justice.*

« *Ils pourront employer les sommes provenant des cotisations. Toutefois ils ne pourront acquérir d'autres immeubles que ceux qui seront nécessaires à leurs réunions, à leurs bibliothèques et à des causes d'instruction professionnelle.* »

Ces différents droits (ester en justice, droit d'acquérir des biens) sont les attributs essentiels de la personnalité civile; les syndicats professionnels constituent donc des personnes morales.

Aucune formalité n'est exigée pour l'obtention de cette personnalité : tous les syndicats constitués dans les limites tracées par la loi sont des personnes morales par le fait même de leur constitution régulière.

De cette idée que les syndicats constituent des personnes morales résultent trois conséquences :

1° L'association constituant le syndicat a un patrimoine distinct de celui de ses membres.

2° Les créanciers du syndicat ont un droit exclusif sur le fond social.

3° Enfin le syndicat sera valablement représenté par son directeur pour ester en justice et pour contracter avec les tiers.

Mais dans quelle catégorie de personnes morales convient-il de placer les syndicats ? La question n'est pas purement théorique, elle présente un intérêt pratique considérable, notamment pour la solution de la question de savoir si les syndicats peuvent recevoir des donations ou des legs.

On distingue en Droit français trois grandes catégories de personnes morales : les établissements publics, les établissements d'utilité publique et les sociétés privées.

Les établissements publics sont chargés par l'administration de gérer un des services publics de l'Etat et répondent à des intérêts collectifs, généraux ou locaux. Tels sont par exemple les fabriques, les hospices, les établissements de bienfaisance.

Les établissements d'utilité publique sont chargés de la gestion d'intérêts absolument privés, mais dans un but d'utilité générale, tandis que les sociétés privées ne sont établies que dans un but d'intérêts individuels.

Il est bien évident que les syndicats professionnels ne sont pas des établissements publics, puisqu'il ne gèrent aucun service public.

La question qui se pose est donc de savoir si les syndicats professionnels sont des établissements d'utilité publique ou des sociétés privées?

La solution de cette question si controversée dépend du parti que l'on adopte sur le *criterium* permettant de distinguer les établissements d'utilité publique ou des sociétés privées.

D'après la majorité des auteurs, les établissements d'utilité publique se distinguent essentiellement de sociétés privées, en ce que les premiers ne peuvent exister et fonctionner qu'en vertu d'un *acte spécial et individuel de la puissance publique*, tandis que les sociétés privées sont affranchies de toute ingérence administrative et qu'elles existent légalement à la condition de se conformer aux prescriptions de la loi. Tel est le *criterium* proposé par M. Ducrocq (1) et appliqué par lui aux associations syndicales.

Dans un second système, au contraire, système développé notamment par M. Sauzet (2), ce serait dans le *but* poursuivi par l'association et non dans l'ingérence ou la non-intervention de l'administration qu'il faudrait chercher le *criterium* précédent. L'association poursuit-elle un but de

(1) Ducrocq, *Droit administratif*, t. II, p. 596.

(2) Sauzet, *Les syndicats professionnels et leur personnalité civile*, pages 27, 37 et 49-55.

lucre, la réalisation de bénéfices à partager entre les membres, il faut la considérer comme une société privée, une personne morale privée, même si la loi subordonne la formation de chaque société de ce type à la nécessité d'une autorisation individuelle. L'association est-elle au contraire constituée dans un but désintéressé et d'intérêt général, elle constitue un établissement d'utilité publique, sans qu'il y ait lieu de rechercher si la loi exige pour chaque société de ce type un acte d'investiture émané de l'administration. Telle est la thèse de M. Sauzet résumée en ces termes et adoptée aussi par M. Pic (1).

Pour nous la théorie de M. Sauzet est ingénieuse, mais elle nous semble trop osée pour être admise. La distinction qu'il propose paraît bien arbitraire et nous ne pensons pas que le législateur de 1884 y ait jamais songé.

Quant aux travaux préparatoires et aux déclarations de la circulaire interprétative de la loi, dont se réclament les partisans du système que nous rejetons, on peut les invoquer dans un sens et dans l'autre. Pour cette raison nous croyons inutile d'y faire appel, nous ferons seulement remarquer que l'esprtt général de la loi du 21 mars 1884 est d'accorder aux syndicats professionnels un régime de liberté et que la moindre ingérence administrative serait la négation même de ce principe.

---

(1) Pic, *op. cit.*, page 129.

L'examen des textes nous conduit du reste aux mêmes conclusions : aucun des articles de la loi ne nous montre la nécessité d'une autorisation quelconque pour l'accomplissement des divers actes que peut faire un syndicat et enfin le gouvernement est impuissant à les anéantir de son autorité.

Nous rangerons donc les syndicats au nombre des personnes morales privées, parce que comme ces dernières ils se forment librement, en vertu d'une disposition générale de la loi, sans intervention spéciale du pouvoir, par le fait même de leur constitution régulière.

Si les syndicats jouissent certainement de la personnalité morale, ils n'en ont cependant pas la plénitude, ils ne la possèdent qu'en partie et dans la mesure où elle est indispensable à leur existence. Nous préciserons ces restrictions au fur et à mesure qu'elles se présenteront dans les chapitres suivants.

CHAPITRE II

DROITS DES SYNDICATS

Parmi les droits généraux des syndicats, les uns sont la conséquence de leur personnalité civile (droit d'ester en justice, droit de posséder, droit de contracter) ; les autres leur confèrent une capacité spéciale pour faire certains actes en dehors de la personnalité civile (création des caisses de retraite et de secours mutuels, de bureaux de placement, d'offices de renseignements...)

Chacune de ces catégories fera l'objet d'une section distincte.

SECTION I

Droits généraux des Syndicats résultant de leur personnalité civile.

§ I. — *Droit d'ester en justice.*

Un des effets les plus importants de la personnalité civile conférée par la loi aux syndicats professionnels est celui *d'ester en justice*, c'est-à-dire d'être représentés en justice dans les actions qui intéressent le syndicat par leurs administrateurs ou gérants, nonobstant le principe que nul en France ne peut plaider par procureur.

Ce droit leur est accordé sans restrictions ni limites, par le premier alinéa de l'article 6. Ils pourront donc l'exercer devant toutes les juridictions, devant les tribunaux judiciaires et devant les tribunaux administratifs et sans qu'ils aient besoin pour cela d'aucune autorisation préalable (1).

Généralement les statuts indiquent le membre qui sera chargé de représenter l'association en

(1) Dalloz, 1891, 2, 30.

justice. Dans ce cas, les tiers doivent actionner ce représentant spécial et non tout autre membre, comme, par exemple, le président. Dans le cas où les statuts garderaient le silence sur ce point, nous pensons, qu'en vertu des principes généraux, le syndicat serait valablement représenté par son président ; c'est lui que les tiers devraient assigner.

§ II. — *Droit de posséder.*

Constituant des personnes morales, les syndicats professionnels peuvent posséder un patrimoine. Celui-ci se composera de meubles ou d'immeubles dont ils sont devenus propriétaires en vertu d'acquisitions diverses, soit à titre onéreux, soit à titre gratuit.

1° *Acquisitions à titre onéreux.* — En ce qui concerne les immeubles, la capacité d'acquérir des syndicats professionnels est assez restreinte, le législateur de 1884 s'étant surtout préoccupé d'empêcher la reconstitution des biens de mainmorte. Aussi, après avoir autorisé les syndicats à acquérir à titre onéreux, l'article 6 limite-t-il la possibilité de ces acquisitions aux immeubles nécessaires à la réunion des syndicats, à leurs bibliothèques et à des causes d'instruction professionnelle. Ce que la loi a craint ici, c'est l'acquisition d'immeubles de placement, de rapport, qui auraient fait dégénérer les syndicats en exploitations lucratives et commerciales, contrairement au principe posé dans l'article 3. Toutefois nous croyons que les syndicats pourraient fonder librement des cercles dans leur salle de réunion, à condition cependant de ne pas y admettre de membres étrangers aux syndicats. C'est ainsi également que les syndicats agricoles peuvent acquérir des immeubles destinés à servir de champs d'expérience et de culture raisonnée.

Quant aux meubles, la capacité d'acquérir des syndicats reste pleine et entière. Elle ne subit aucune limitation, ni restriction. Ils sont libres d'employer leurs ressources comme ils l'entendent. Ils peuvent les destiner à faire face aux dépenses courantes, à former une caisse de résistance pour soutenir une grève, ou, s'ils préfèrent, les utiliser à l'achat de valeurs mobilières quelconques : actions ou obligations de villes, de sociétés ou de fonds d'Etat.

Nous pensons même qu'un syndicat pourrait, comme prêteur de fonds, contribuer à la fondation ou au fonctionnement d'une société de commerce, dont il pourrait même faire partie. Toutefois sa qualité de participant ne devrait pas impliquer celle de commerçant, puisqu'il est interdit aux syndicats d'une façon générale de se livrer à des actes de commerce.

2° *Acquisitions à titre gratuit.* — Les syndicats professionnels peuvent-ils recevoir à titre gratuit ou par donation et par legs ? La loi est muette à cet égard, aussi la question est-elle vivement controversée.

Pour soutenir la négative, un premier système

s'appuie sur un argument de principe et sur un argument de texte.

Argument de principe : les personnes morales privées ne peuvent, en principe, acquérir à titre gratuit qu'en vertu d'une concession formelle du législateur, or cette concession ne figure pas dans la loi. Cette thèse est soutenue par de nombreux jurisconsultes et en particulier par M. Vavasseur (1).

Argument de texte : l'art. 6 déclare que les syndicats peuvent employer les sommes provenant des cotisations : il suppose donc que toutes ces ressources du syndicat seront constituées par les cotisations de ses membres et non par des donations ou autres libéralités. Il a, du reste, été déclaré formellement, ajoute-t-on, au cours des travaux préparatoires que les syndicats ne pourraient acquérir autrement qu'à titreo néreux.

Dans un second système adopté par la majorité des auteurs et auquel nous nous rallions, les syndicats peuvent acquérir à titre gratuit.

On ne saurait admettre l'argument de principe. Il est très controversé de savoir si ce droit appartient aux personnes morales privées en l'absence d'un texte formel ; cette théorie est généralement repoussée. L'art. 902 du C C., en effet, dit : « toutes personnes peuvent recevoir, soit par donations entre vifs, soit par testament », sans distinguer

---

(1) Vavasseur, *Sociétés civiles et commerciales*, n° 27 — En ce sens aussi : H. Valleroux, *op. cit.*, p. 368 et suivantes — Labbé, note races, S. 1881, 2, 251.

entre les personnes morales et les personnes physiques. L'art. 910 établit, en outre, la capacité pour les personnes morales, puisqu'il soumet certaines d'entre elles à la nécessité d'une autorisation administrative pour accepter des libéralités ; c'est donc que les autres personnes morales ont cette capacité sans être tenues de se faire autoriser (1).

L'argument de texte tiré de l'art. 6 n'est pas plus probant. Par sa généralité il semble, au contraire, placer toutes les acquisitions à titre onéreux et à titre gratuit sur le même plan. De plus il est certain que le mot « acquisition » comprend les libéralités, comme les acquisitions à titre onéreux et que celui qui peut acquérir à titre onéreux peut acquérir à titre gratuit à moins qu'il n'en soit déclaré incapable par un texte.

Du reste, cette interprétation est nettement confirmée par l'art. 8, qui prévoit expressément l'hypothèse d'une acquisition à titre gratuit réalisée par un syndicat. Ou cet article n'a pas de sens, ou il signifie que les syndicats ont le droit de recevoir à titre gratuit, sous réserve des restrictions indiquées aux immeubles. Ils pourront donc recevoir des libéralités mobilières, quelqu'en soit le chiffre, mais ils ne pourront pas recevoir d'immeubles, à moins que ces immeubles ne leur soient donnés ou légués pour être affectés à leurs

(1) Dufourmautelle, *Législation ouvrière en France et à l'étranger*, 46. — Pic, *op. cit.*, p. 134-135.

réunions ou être transformés en bibliothèques ou salles de cours.

Nous ajouterons que c'est tout à fait à tort que l'on invoque contre nous les travaux préparatoires, qui sont, au contraire, très favorables à notre thèse, lorsqu'on veut bien les suivre jusqu'au bout. En effet, le Sénat, dans les discussions de 1882, vota, dans l'art. 4 devenu aujourd'hui l'art. 6, la disposition suivante : « Il leur est interdit de recevoir des dons et d'acquérir autrement qu'à titre onéreux. » Le projet fit retour à la Chambre qui supprima cette interdiction et le rapporteur E. Lagrange s'en expliqua en ces termes : « La commission n'a pas cru devoir enlever aux syndicats déclarés la faculté de recevoir des dons. Il est à présumer que, dans la pratique, les bibliothèques syndicales et les écoles professionnelles recevront de nombreux dons de livres, d'outils ou d'instruments. Il serait injuste de les obliger à dépenser pour l'acquisition de ces objets des fonds qui peuvent utilement grossir les ressources des caisses de retraites et de secours mutuels. » (1) Le texte nouveau revint au Sénat qui l'adopta sans observations, admettant par conséquent, comme la Chambre, la possibilité pour les syndicats de recevoir des libéralités.

Les syndicats professionnels peuvent donc recevoir à titre gratuit. Mais ont-ils besoin pour cela de l'autorisation administrative ? Doit-on leur

(1) *J. off*, Déb. parl., 1883, Chambre, page 397.

appliquer l'art. 910 du C. C. qui exige cette autorisation en cas de libéralités entre vifs ou testamentaires faites au profit des établissements d'utilité publique ?

Pour nous, qui n'admettons pas qu'on puisse assimiler les syndicats professionnels à des établissements d'utilité publique, nous ne le pensons pas. Nous estimons, au contraire, que les syndicats, étant des sociétés privées, sont affranchis par leur nature même de toute tutelle administrative. Cette solution nous semble d'ailleurs pleinement confirmée par l'art. 8. Cet article prévoit le cas où des donations auraient été acceptées irrégulièrement par le syndicat. « Or, fait remarquer très justement M. Boullaire (1), cette hypothèse serait incompréhensible si l'autorité administrative devait autoriser au préalable l'acceptation de toute libéralité faite aux syndicats. Le refus d'autorisation suffirait à empêcher la donation d'être consommée, et l'on ne comprendrait pas la nécessité d'armer en outre l'autorité judiciaire d'une action à l'effet de faire prononcer la nullité de libéralités immobilières. »

§ III. — *Droit de contracter.*

Du droit de posséder découle logiquement pour les syndicats le droit de contracter. Ayant un patrimoine jouissant de la personnalité morale,

(1) Boullaire. *op. cit*, p 100. — Dans le même sens, Pic, *op. cit.*, p. 137. — Dufourmautelle, *op. cit*, p 48. — Sauzet, *op. cit*, p. 405.

les syndicats professionnels doivent pouvoir contracter librement par l'intermédiaire de leurs représentants légaux. Ce droit pour les syndicats professionnels de contracter, d'accomplir librement les divers actes de la vie civile a été formellement reconnu dans les travaux préparatoires et affirmé dans la circulaire ministérielle du 25 août 1884 de la façon suivante :

« Aucune disposition ne leur défend ni de prendre des immeubles à bail, quelqu'en soit le nombre et quelle que soit la durée des baux, ni de prêter, ni d'emprunter, ni vendre, échanger ou hypothéquer leurs immeubles... Ces divers actes ne sont soumis à aucune autorisation administrative. »

Ils pourront donc faire tous contrats s'appliquant à l'étude et à la défense des intérêts généraux et économiques de la profession et en demander l'exécution aux tribunaux. Ainsi un syndicat ouvrier pourra parfaitement s'entendre avec des patrons sur la fixation du taux des salaires, la limitation ou la réglementation des heures de travail. Cette convention touche, en effet, essentiellement aux intérêts généraux et économiques, dont les syndicats ont la défense. La chambre syndicale pourra, en conséquence, devant la juridiction compétente, réclamer aux patrons l'exécution de cette convention au profit de ses membres.

C'est par une saine application de ces principes que le Tribunal de commerce de Charolles a rendu, le 18 février 1890, un jugement aux termes duquel il a reconnu la validité des conventions passées entre un syndicat ouvrier et des patrons pour la fixation des salaires et des heures de travail.

« Considérant, dit ce jugement (1) qu'il est évident que la loi du 21 mars 1884 a voulu permettre aux ouvriers de se grouper dans un but précis : « l'étude et la défense des intérêts généraux et économiques de la profession. »

« Considérant que la fixation du taux des salaires et la réglementation des heures du travail rentrent dans la catégorie des intérêts généraux que le syndicat professionnel a mission d'étudier et de défendre ».

Les mêmes principes ont été également appliqués dans un jugement du tribunal de commerce de la Seine du 4 février 1892 (2) en matière de limitation des heures de travail? Aux termes d'une convention conclue en 1892 entre la Compagnie générale des omnibus de Paris et le syndicat de ses employés, la durée de la journée de travail avait été fixée en principe à 12 heures, non compris le temps des deux repas fixé à 1 h. 1/2. La Compagnie, méconnaissant ses engagements, avait imposé à une fraction de ses employés 14 h. 1/2 de travail effectif et porté la durée moyenne de la journée à 13 h. 1/2. Le syndicat, ayant assigné la Compagnie par devant le Tribunal de Commerce de la Seine en exécution de ses en-

---

(1) *Revue des Sociétés*, 1890, p. 318.

(2) *Gazette du Palais*, 92, 1, 221.

gagements, le Tribunal fit droit à la demande et condamna la Compagnie à modifier ses règlements dans le mois, de manière à ramener la durée du travail effectif de tous ses employés à 12 heures, à peine de 100 fr. de dommages-intérêts par jour de retard.

Des arrêts plus récents sont encore venus confirmer cette jurisprudence qui permet aux syndicats d'intervenir en justice chaque fois que leur intervention a pour but de défendre les intérêts collectifs de leurs membres. (Arrêt de la Cour de Nancy, 4 janvier 1896. Arrêt de la Cour de Bordeaux, 4 février 1897.)

La capacité contractuelle des syndicats n'est cependant pas sans limites; elle comporte notamment deux restrictions importantes :

1° Les syndicats ne peuvent faire des actes de commerce.

Le but de l'association professionnelle n'est pas en effet de faire des spéculations, mais bien de défendre les intérêts économiques de la profession qu'elle représente. Les entreprises commerciales ne rentrent pas dans leur objet et leur sont formellement interdites. Toute association se disant professionnelle qui voudrait se livrer à des actes de commerce devrait prendre une des formes de la loi de 1867 et non se constituer d'après celle de 1884.

En pratique cependant certains syndicats font des actes de commerce. Ainsi, dans les syndicats agricoles, le comité directeur achète en gros à bas prix les matières premières nécessaires à l'agriculture, notamment les engrais chimiques, puis il les revend aux associés au cours du marché et fait d'assez gros bénéfices. Cet achat, suivi de revente, est un acte de commerce bien caractérisé et le syndicat qui procède ainsi devrait, semble-t-il, tomber sous le coup des pénalités édictées par l'art. 9.

Toutefois la jurisprudence fait en cette matière une distinction et nous croyons que c'est avec raison. Pour elle, ce qui constitue essentiellement l'acte de commerce, c'est l'achat pour revendre *avec bénéfice*, la spéculation sur la revente c'est-à-dire *l'intention de gain*. Cet élément se rencontre-t-il dans l'espèce que nous venons de signaler ? Nullement. Il y a bien achat, mais non revente, car le syndicat est simplement un mandataire chargé d'acheter, et, s'il se fait rembourser une somme légèrement supérieure au prix d'achat, c'est, non dans un but lucratif, mais uniquement pour s'indemniser des frais d'exécution de son mandat : art. 1986-1999 C. C. Il n'y aurait acte de commerce prohibé qu'autant que le syndicat spéculerait sur ses achats, revendrait avec bénéfice ou stipulerait le paiement d'une commission.

Nous citerons en ce sens un arrêt de la Cour de Toulouse (1) aux termes duquel « ne fait pas acte de commerce le syndicat agricole, qui, dans le but de procurer à ses seuls membres dans des

(1) *Revue des Sociétés*, 1889. p. 403.

conditions favorables les matières premières nécessaires à l'agriculture, notamment les engrais chimiques, traite directement avec les fabricants, même s'il fait subir aux matières achetées une majoration qui représente simplement les déboursés du syndicat. »

De ce que les syndicats ne peuvent effectuer aucun acte commercial ou industriel en tant que syndicats, nous en tirerons les conséquences suivantes :

Ils ne peuvent avoir une marque de fabrique, bien qu'une marque de fabrique puisse appartenir à une société. En effet, la marque de fabrique est, conformément à l'art. 1er de la loi de 1857 « tout signe servant à distinguer les produits d'une fabrique ou les objets d'un commerce. » Or le syndicat ne pouvant faire aucune opération commerciale et industrielle, le signe distinctif n'a pas sa raison d'être.

Quant aux brevets d'invention, la solution doit être identique pour les mêmes raisons, et un syndicat ne pourrait devenir acquéreur d'un brevet d'invention. Ces brevets ne se rapportent qu'à l'industrie et au commerce qui sont interdits aux syndicats.

2° La seconde restriction apportée par la loi de 1884 à la capacité contractuelle des syndicats professionnels se réfère aux spéculations même non commerciales ayant des immeubles pour objet. Elle résulte de l'art. 6 al. 3 aux termes duquel, nous l'avons vu, il est interdit aux syndicats d'acquérir des immeubles autres que ceux qui sont nécessaires à leur fonctionnement. La loi a voulu empêcher ici l'acquisition d'immeubles de placement, de rapport, dont le syndicat tirerait profit par une exploitation en régie ou par location.

Ainsi un syndicat ne pourrait se transformer en une société immobilière dont l'objet est d'acheter des immeubles pour les revendre ou les louer avec bénéfice — ni exploiter une mine, la mine étant immeuble et la loi interdisant aux syndicats de posséder des immeubles de rapport. Il en serait ainsi même des usines non exploitées, car la concession d'une mine est un droit immobilier que ne saurait exercer un syndicat sans violer l'alinéa 3 de l'art. 6.

La jurisprudence a résolu cette question dans le même sens, à l'occasion du procès pendant entre le syndicat des mineurs de la Loire et la Compagnie des houillères de Rive-de-Gier (affaire dite de la mine aux mineurs). Voici les principaux considérants du jugement rendu par le Tribunal Civil de Saint-Etienne (1).

« Attendu que la seconde condition était pour le syndicat de se substituer complètement aux lieu et place de la Compagnie concessionnaire et qu'il faut reconnaître que pour y arriver le défendeur (le syndicat) n'a encore pris aucune mesure efficace ; qu'il paraît ne pas avoir compris que son obligation ne sera remplie que le jour où dépouil-

(1) *Revue des Sociétés*, 1889, p. 414.

lant cette *apparence de syndicat* destiné à exploiter les mines, il aura formé une *société civile régulière*... accorde aux syndicats un délai de six mois pour régulariser la situation. »

Le syndicat des mineurs de la Loire se conforma à cette injonction et constitua entre ses membres une *société coopérative* régulière. Dès lors il avait la capacité nécessaire pour devenir concessionnaire d'une mine, c'est ce que décida définitivement la Cour de Lyon dans son arrêt du 26 mars 1891 (1). Celle-ci prit soin de constater que le syndicat s'étant mis en règle avec la loi, les prétentions de la Compagnie de Rive-de-Gier, tendant à obtenir le délaissement de la concession abandonnée par elle au syndicat n'avait plus de raison d'être.

De même nous n'admettons pas qu'un syndicat d'ouvriers puisse devenir adjudicataire d'une entreprise de travaux publics ou privés. En effet, la jurisprudence et la doctrine reconnaissent maintenant d'une façon presque unanime que les entreprises de ces travaux constituent des actes de commerce.

La conclusion est donc que les syndicats ne pourront agir en tant que sociétés civiles ou commerciales, qu'en se conformant aux règles imposées à ces sociétés par les Codes Civil et de Commerce et les lois particulières.

L'impossibilité pour les syndicats de faire des

---

(1) *Gazette du Palais*, 1891, 1, suppl., p. 43.

opérations commerciales, industrielles ou financières a paru trop rigoureuse pour certains, qui ont craint que la législation existante ne comprimât l'essor des associations professionnelles. Aussi différentes propositions de lois tendant à élargir la loi sur ce point, ont-elles été déposées sur le bureau des Chambres. Nous citerons, notamment, le projet de loi de M. Méline, soumis, en 1890, à la Chambre des Députés, tendant à l'organisation du *Crédit agricole et populaire* (1). Ce projet renferme certaines dispositions permettant aux syndicats le droit de faire, même avec bénéfices, certaines opérations d'achats et reventes de matières premières, ou certaines opérations de crédit mutuel, rentrant dans la catégorie des actes de commerce. Ce projet de loi, voté par la Chambre en 1892 avec certaines modifications, n'a pas été ratifié par le Sénat.

Pour nous, nous ne voyons pas l'utilité d'étendre sur ce point la capacité contractuelle des syndicats. Nous croyons que ce serait faire perdre aux associations professionnelles leur véritable caractère que de les transformer en sociétés commerciales et financières. Si elles veulent faire des opérations de crédit ou exploiter une branche d'industrie, rien ne leur est plus facile que d'arriver à ce but, en s'adjoignant une société à ce destinée, constituée entre leurs membres suivant les formes déterminées par la loi.

(1) *J. off.* 1890, Doc. parlem., Chambre, p. 700 et suiv.

SECTION II

Opérations pouvant êtres faites par les syndicats en dehors de la personnalité civile.

A côté des droits généraux résultant de la personnalité civile conférée par la loi du 21 mars 1884 aux syndicats, l'art. 6 attribue à ces associations le pouvoir de faire certains actes qui ne dérivent pas à proprement parler de leur qualité de personnes morales, mais que toute personne ne peut accomplir que dans les formes et de la manière prévues par des lois spéciales. Les syndicats, par faveur, sont dispensés de ces formalités. C'est ainsi qu'ils ont le droit de former librement entre leurs membres des caisses de secours mutuels et de retraite pour la vieillesse, al. 4 — de créer des offices de renseignements pour les offres et demandes de travail, al. 5 — enfin de donner des avis dans certaines questions contentieuses, al. 6.

Il convient de remarquer que cette énumération faite par l'art. 6 *in fine* ne fait qu'ajouter certaines prérogatives à celles qui résultent des principes, qu'elle n'est donc pas limitative, mais seulement énonciative. C'est ainsi que les syndicats peuvent, en se conformant aux lois particulières, faire d'autres actes non énumérés par le législateur de 1884.

§ 1er. — *Sociétés de secours mutuels et caisses de retraites.*

C'est l'art. 6 § 4 qui permet aux syndicats de fonder des sociétés de secours mutuels entre leurs membres. « *Ils pourront*, dit-il, *sans autorisation, mais en se conformant aux autres dispositions de la loi, constituer entre leurs membres des caisses spéciales de secours mutuels et de retraites.* »

Nous tirerons de ce texte plusieurs conséquences importantes :

1° Tout d'abord un syndicat peut librement, sans autorisation administrative, créer une société de secours mutuels spéciale, indépendante, composée de membres du syndicat.

2° S'il le préfère, le syndicat peut subventionner une caisse de secours mutuels, ayant des ressources propres et constituée d'après le droit commun. Il pourra, par exemple, lui verser une cotisation spéciale prélevée entièrement sur le fond social et servant à assurer le service de pensions de ses membres.

3° La caisse de secours mutuels constituée en vertu de l'art. 6 ne doit comprendre que les membres du syndicat. Si elle admettait des étrangers, par exemple des membres honoraires, elle perdrait le bénéfice de notre loi et rentrerait dans le droit commun. Une seule exception est faite à cette règle par l'art. 7 en faveur des membres qui se sont retirés du syndicat et qui conservent néanmoins leurs avantages de mutualistes.

4° Cette caisse de secours mutuels fondée par le syndicat n'est dispensée que de l'autorisation administrative, mais elle reste soumise à toutes les autres prescriptions des lois de mutualité. (Loi du 15 juillet 1850 ; décret du 26 mars 1852 ; loi du 1er avril 1898).

Telle est bien la solution qui résulte du texte même de l'art. 6 et de la circulaire ministérielle absolument formelle à cet égard ; « Il a été expressément entendu que la loi du 21 mars dernier laissait subsister, sauf la nécessité de l'autorisation préalable, toute la législation relative à ces sociétés.

..... Il demeure évident que les syndicats qui voudraient bénéficier des avantages réservés aux sociétés de secours mutuels approuvées ou reconnues devraient se pourvoir conformément aux lois spéciales sur la matière. »

La société de secours mutuels et le syndicat qui l'a fondée doivent avoir une existence distincte. En effet si le syndicat et la société de secours mutuels avaient une même existence, se confondaient, on arriverait à des conséquences inadmissibles. Le membre qui est exclu du syndicat reste membre de la société de secours mutuels, art. 7 ; il serait donc membre d'une société dont il ne serait plus membre ! De même le syndicat né librement ne peut être désormais supprimé que pour certaines raisons légales ; la société de secours demeure soumise au bon vouloir du Gouvernement. Enfin le syndicat est personne morale et la société mutuelle ne l'est point. Comment concevoir une association qui, au même instant serait et ne serait pas personne morale ? Il est donc de toute nécessité que le syndicat et la société de secours mutuels, qu'elle soit reconnue, approuvée ou libre, aient une vie indépendante, soient distincts l'un de l'autre, de telle sorte qu'ils possèdent chacun une administration et une caisse particulières.

Quant aux *Caisses de retraite*, elles sont un accessoire des sociétés de secours mutuels et tout ce que nous avons dit de ces dernières leur est applicable. Elles peuvent donc être constituées sans autorisation. Les fonds sont d'ordinaire versés par la société de secours mutuels à la Caisse des retraites pour la vieillesse, mais rien ne s'opposerait à ce que les sociétés de secours mutuels, au lieu de servir d'intermédiaire entre la Caisse nationale pour la vieillesse et leurs membres, leur fournissent elles-mêmes leurs pensions.

§ II. — *Offices de renseignements.*

La création par les syndicats d'offices de renseignements est autorisée par le § 5 de l'art. 6 dans les termes suivants : « *Ils pourront librement créer et administrer des offices de renseignements pour les offres et demandes de travail* ». C'est dire qu'ils sont dispensés des formalités requises pour les bureaux de placement par le décret du 26 mars 1852. « Le mot *librement* déclara le rapporteur (1), a été introduit dans le texte du § 5 de cet article pour indiquer que le décret du 25 mars 1852 n'est pas applicable aux offices de renseignements pour les

(1) Rapport Lagrange, *J. Off.*, Ch. mars 1883, p. 397.

offres et demandes de travail créés par les syndicats. » En vertu de ce décret les bureaux de placement ne pouvaient être créés sans une permission spéciale de l'autorité municipale qui avait sur eux un droit de surveillance. Les syndicats seront donc dispensés de requérir cette autorisation, et de plus le maire n'aura aucun droit de contrôle : il ne pourra prendre des arrêtés pour régler le tarif des droits qui pourront être perçus. La liberté la plus complète appartient à ces offices.

Conformément à cette disposition de la loi, des offices ont été organisés soit par les unions, soit par les syndicats. Certains syndicats ouvriers même, effrayés des abus commis par les bureaux de placement créés par des particuliers ou industriels qui ne visent qu'à leur propre enrichissement, ont émis la prétention de se substituer entièrement à ces derniers, dont ils ont demandé la suppression par voie d'autorité. Ces particuliers, en effet, pour prix du placement, prélèvent un tant p. 0/0 considérable sur le salaire des ouvriers, qui, pour trouver du travail, sont obligés d'admettre des conditions rigoureuses. C'est ainsi que les garçons bouchers paient leur place à raison de 50 p. 0/0 du salaire de la première semaine qui est de 50 à 60 francs (1).

La disposition du § 5 est-elle limitative? Les offices de renseignements créés par les syndicats

(1) *Réforme sociale*, 16 juillet 1891, p. 241.

ne peuvent-ils avoir pour objet que les offres et demandes de travail ? Ou bien peuvent-ils étendre leur action ? Nous adoptons ce dernier système et nous pensons que pour donner à cette sage disposition toute l'efficacité qu'elle peut comporter, il faut l'étendre à tous les modes d'activité dont l'office de renseignements est susceptible. Aussi croyons-nous qu'on ne saurait refuser aux syndicats le droit d'établir des *ateliers syndicaux* où leurs adhérents pourraient travailler en commun. Aucun texte ne défend cette solution. Toutefois ces ateliers devraient être installés dans un immeuble pris à bail, puisqu'un syndicat ne peut posséder d'immeubles que pour la destination prévue par l'art. 6. Mais ces ateliers ne devront fonctionner que dans les limites de l'art. 3 et par suite rester étrangers à toute opération commerciale, sous peine de dégénérer en associations coopératives de production clandestines et de s'exposer ainsi aux pénalités de l'art. 9 de la loi de 1884.

§ III. — *Renseignements et avis demandés par les tribunaux.*

Aux termes des § 6 et 7, de l'art. 6 : « *les syndicats pourront être consultés sur tous les différends et toutes les questions se rattachant à leur spécialité. Dans les affaires contentieuses les avis du syndicat seront tenus à la disposition des parties, qui pourront en prendre communication et copie.* » Ces dispositions ne font que consacrer en la réglementant une pratique ancienne : celle des *arbitres rapporteurs*. Depuis longtemps les Tribunaux de Commerce, celui de la Seine notamment, demandaient l'avis des Chambres syndicales sur la plupart des affaires litigieuses. Ces avis, donnés par les hommes les plus capables d'apprécier les questions de métier toujours spéciales, étaient généralement écoutés. Mais cette pratique était manifestement illégale comme étant en opposition formelle avec l'art. 429 du Code de procédure civile.

Survint la loi de 1884. La question s'est posée de savoir si, depuis la reconnaissance légale des syndicats professionnels, les chambres syndicales elles-mêmes pouvaient désormais être prises comme arbitres ? Le Ministre de la justice, consulté sur cette question litigieuse par le Président du Tribunal de commerce de la Seine, répondit que la nouvelle loi laissait debout l'art. 429 du Code de procédure civile et que les Chambres syndicales ne pouvaient émettre que des avis tout à fait facultatifs (1).

Cette décision nous parait devoir être approuvée, car elle s'appuie sur un passage décisif des travaux préparatoires : « Les syndicats professionnels, a déclaré le rapporteur, M. Marcel Barthe (2), ne peuvent pas avoir de *juridiction propre* ; on maintient le droit pour les tribunaux de prendre leur avis en tant que collectivité, mais c'est un

(1) Lettre du 7 juillet 1887, *Echo des chambres synd*, 1885, p. 207.
(2) *J. off.*, 1882, Déb. parlem., p 969.

simple avis. Si une juridiction veut donner à un syndicat un mandat plus explicite, le tribunal peut désigner des arbitres *parmi les membres qui le composent* et alors un rapport peut être déposé. Mais dans ce cas il faut que l'on se conforme aux dispositions de l'art. 429 que nous entendons maintenir. »

Conformément à cette circulaire, les syndicats présentent chaque année aux Présidents des Tribunaux une liste de quelques membres, sur laquelle les arbitres rapporteurs seront choisis.

Ceux-ci, désignés individuellement conformément à l'art. 429 du Code de procédure civile, prennent en fait l'avis des chambres syndicales, mais ils rédigent, sous leur responsabilité individuelle, un rapport officiel qu'ils adressent aux tribunaux.

Dans la pratique l'avis des syndicats est quelquefois demandé. C'est ainsi que dans un jugement (1) du Tribunal de commerce de la Seine du 21 octobre 1890 pour citer un exemple on trouve la mention suivante : « Vu l'avis du syndicat professionnel des cuirs et peaux. »

Malheureusement pour ces avis que peuvent donner les chambres syndicales, l'art. 6 n'organise aucune procédure. Pourront-elles, avant d'émettre leur avis, convoquer les parties, recueillir des explications... etc... Quel sera le délai ? Toutes questions dont la loi ne parle pas.

---

(1) *Gazette du Palais*, 13 février 1892.

Ces difficultés pratiques ont enrayé jusqu'ici les efforts tentés par quelques Tribunaux de Commerce pour favoriser le développement de ce nouveau mode d'enquête judiciaire. Il serait à souhaiter qu'une procédure simple, économique et nettement définie par la loi, en vint faciliter l'application.

Ce que nous avons dit précédemment au sujet de la capacité des syndicats dans les consultations fournies par eux aux Tribunaux ne saurait empêcher leurs membres de porter directement les difficultés qui peuvent les diviser devant le bureau même du syndicat. Cette procédure est parfaitement licite, car ils ne font que conclure un compromis et désignent comme arbitres certaines personnes déterminées, les membres du bureau, par exemple. Grâce à cette faculté, les conflits entre patrons et ouvriers pourront être résolus souvent à l'amiable et les grèves évitées.

Outre les consultations qu'ils fournissent aux corps judiciaires dans les affaires contentieuses, les syndicats peuvent prêter au Gouvernement et au Parlement un concours éclairé et précieux « C'est ainsi qu'ils pourront être consultés avec fruit sur toutes les questions d'intérêt professionnel ou d'intérêt économique général, comme lorsqu'il s'agira de fixer les tarifs douaniers, de conclure les traités de commerce, de réglementer les conditions du travail, les moyens de transport... etc.

De leur propre initiative, les syndicats pourront

aussi émettre des vœux sur les questions qui touchent à leurs intérêts professionnels et solliciter des pouvoirs publics les réformes qu'ils estimeront utiles. » (1)

§ IV. — *Actes divers.*

Nous avons déjà dit que l'art. 6 n'était pas limitatif et que les syndicats pouvaient, en dehors des opérations permises par le texte de la loi, accomplir bien d'autres opérations. Le projet de loi présenté par la Commission de la Chambre des Députés énumérait quelques-uns de ces actes divers permis aux syndicats, puis cette énumération fut retranchée, parce qu'il était difficile d'en connaître l'exacte portée. Il resta néanmoins entendu que les syndicats pourraient faire tous les actes suffisamment justifiés par les mots « intérêts économiques » mais en se conformant aux lois particulières qui les régissent. On voit tout le parti que les syndicats peuvent retirer de cette interprétation libérale de l'art. 6. La circulaire ministérielle, commentant cet article, s'attache à mettre en relief les combinaisons multiples auxquelles les syndicats seront à même de recourir : « Grâce à la liberté complète d'une pa t, à la personnalité civile de l'autre, dit-elle, les syndicats, sûrs de l'avenir, pourront réunir les ressources nécessaires pour créer et multiplier les institutions qui ont produit chez d'autres

(1) Giraud, *Les Syndicats professionnels agricoles*, p. 78.

peuples de précieux résultats : caisses de retraites, de secours, de crédit mutuel, cours, bibliothèques, sociétés coopératives, bureaux de renseignements, de placement, de statistique, de salaires... »

Les sociétés coopératives, par exemple, leur seront très utiles. Ce seront, soit des *sociétés de consommation* qui achèteront en gros pour les revendre aux associés en détail les choses nécessaires aux besoins de la vie et les objets utiles aux travaux de l'industrie et de l'agriculture — soit des *sociétés de production* à l'aide desquelles les produits pourront être vendus collectivement, des travaux et des marchés pourront être exécutés — soit encore des *sociétés de crédit mutuel*, qui procureront aux syndiqués le moyen d'obtenir à des conditions modérées les sommes d'argent nécessaires à leurs besoins.

Les syndicats pourront aussi en se conformant aux lois régissant ces matières, créer des sociétés ou caisses d'assurances mutuelles contre les accidents de travail, contre la mortalité du bétail, contre l'incendie, la grêle...

Ces diverses sociétés peuvent rendre aux membres de syndicats de grands services. Aussi verrons-nous que beaucoup d'associations professionnelles ont sû tirer un grand parti de ces institutions qui contribuent puissamment à améliorer le sort des classes ouvrières.

CHAPITRE III

UNIONS DE SYNDICATS

L'art 5 accorde aux syndicats la faculté de former entre eux des unions : « *Les syndicats professionnels régulièrement constitués, d'après les prescriptions de la présente loi, pourront librement se concerter pour l'étude et la défense de leurs intérêts économiques, industriels, commerciaux et agricoles.*

« *Ces unions devront faire connaître, conformément au deuxième paragraphe de l'art. 4, les noms des syndicats qui les composent.*

« *Elles ne peuvent posséder aucun immeuble ni ester en justice.* »

Grâce à ce texte les syndicats peuvent se réunir, se grouper et former ainsi des agrégations puissantes. Mais cet état de choses n'était pas nouveau et cette disposition ne fit que consacrer une pratique depuis longtemps existante.

Nous avons vu, en effet, dans l'historique des associations professionnelles contemporaines, dès les débuts du second Empire plusieurs Chambres syndicales de patrons se constituer en groupes. Nous avons cité l'*Union nationale du commerce et de l'industrie*, rue de Lancry, qui comprenait 70 Chambres, le *Comité central* et le *Groupe de la Sainte-Chapelle*. Il existait, également, plusieurs unions syndicales ouvrières : l'*Union des Cham-*

bres syndicales ouvrières de France, la *Société générale de la chapellerie*, la *Fédération typographique française*. L'exemple de Paris avait, du reste, été suivi en province : aussi le législateur de 1884 comprit-il la nécessité de consacrer la légalité de ces unions.

Toutefois, celle-ci fut difficilement admise, surtout au Sénat où elle rencontra une rigoureuse résistance. Plusieurs objections étaient, en effet, soulevées contre ces unions, qu'on déclarait inutiles et dangereuses. Inutiles, disait-on, parce qu'elles ne répondent, en effet, à aucun besoin réel. Divers métiers ne sauraient avoir des intérêts communs à défendre, il n'y a que des questions spéciales à chaque industrie.

Dangereuses : n'y a-t-il pas lieu de craindre, en effet, de voir se former une immense fédération de travailleurs, qui, grâce à ses puissants moyens d'action, pourra mettre en péril l'ordre social ? N'aurait-on pas à redouter de voir se faciliter ainsi l'organisation de grèves générales préjudiciables au développement de l'industrie nationale ?

Malgré ces objections, dont quelques-unes avaient, il est vrai, une certaine valeur, le législateur a admis la légalité des unions. Il a reconnu, avec raison, que les métiers les plus divers pourraient avoir des points de contact et des intérêts communs et que, loin d'être inutiles, les unions de syndicats pourraient rendre de grands services. En effet, les réclamations d'un syndicat isolé auront toujours un caractère spécial ; les réformes qu'il souhaitera seront ordinairement en faveur d'une seule industrie, la sienne ; en un mot, il ne s'élèvera pas au-dessus de ses intérêts professionnels, dussent-ils être contraires au bien public.

Les revendications des unions, au contraire, groupant un nombre infini de patrons ou d'ouvriers, auront un caractère d'utilité générale. De plus, ces unions permettront d'atteindre plus efficacement les différents buts poursuivis par l'art. 6 : les bureaux de renseignements, les cours professionnels seront plus sérieusement organisés par le groupe syndical qu'ils ne le seraient par un syndicat particulier.

Quant au péril social que peuvent offrir les unions de syndicats, le législateur ne s'en est pas ému outre mesure. Pour lui les craintes que l'on manifeste au sujet de cette immense fédération de travailleurs ne sont pas fondées.. Cette fédération unique de tous les ouvriers ne deviendra jamais une réalité, car il faudrait admettre que tous les ouvriers ou du moins la plus grande partie des travailleurs ne soient guidés que par les théories collectivistes. Or, il n'en est rien, et s'il est un peuple chez lequel les idées d'individualisme sont encore profondément enracinées, c'est assurément le peuple français.

Les auteurs de la loi de 1884 ont eu d'autant mieux raison d'admettre sans arrière-pensée la consécration légale des unions de syndicats que le pouvoir a contre celles qui sortent de leur objet économique, l'arme de la dissolution : art. 9.

Les unions de syndicats étant permises, voici maintenant les formalités auxquelles elles sont soumises.

1° Il faut d'abord et avant tout que les syndicats, appelés à les former, soient régulièrement constitués. Les directeurs d'une union, qui comprendrait au nombre de ses adhérents un ou plusieurs syndicats irréguliers ou quelque autre association illicite, seraient passibles des peines édictées par l'article 9 de la loi. C'est par application de ce principe qu'en 1893 fut prononcée la fermeture de la Bourse du Travail de Paris, à laquelle s'affiliaient de nombreux syndicats irréguliers.

2° Les unions doivent faire connaître dans les formes de l'article 4, les noms des syndicats qui les composent : art. 5, al. 2. Comme pour les syndicats isolés, on exige des unions une sorte de déclaration de naissance qui empêchera toute constitution clandestine.

Elles devront donc faire cette déclaration à la mairie de la localité où est le siège social de l'union. Mais doit-on dire que les autres formalités requises pour la constitution d'un syndicat professionnel sont exigées pour les unions de syndicat? Doivent-elles déposer leurs statuts et les administrateurs doivent-ils remplir les conditions exigées par l'article 4 *in fine?*

On l'a nié en se basant sur l'interprétation littérale de la loi, qui n'exige que le dépôt des noms des syndicats. Mais si au lieu de s'en tenir à la lettre, on s'inspire de l'esprit de la loi, qui est peu favorable aux unions, on répondra affirmativement. Il ne rentrait pas évidemment dans l'intention du législateur d'accorder plus de faveurs aux unions qu'aux syndicats. La circulaire ministérielle ne laisse du reste aucun doute à cet égard. « Si l'union, dit-elle, est régie par des statuts, elle doit également les déposer. Il est égalemeut nécessaire que l'union fasse connaître le lieu où siègent les syndicats unis. *Les autres formalités à remplir sont les mêmes pour les unions et les syndicats.* »

Enfin l'article 9 suppose nécessairement que les noms des administrateurs de l'union et par suite les statuts ont été déposés puisque « *les infractions aux dispositions de l'article 5 seront poursuivies contre les directeurs et les administrateurs.* Comment connaître ces directeurs si leurs noms ne sont pas déposés ?

Quelle est maintenant la *capacité juridique* des unions ? « *Les unions de syndicats ne peuvent posséder aucun immeuble, ni ester en justice,* art, 5, § 3. » Ce ne sont donc pas des personnes morales, car toute personne morale par définition même doit pouvoir ester en justice par l'intermédiaire de ses représentants légaux. Refuser ce droit à une association équivaut à lui dénier la personnalité morale. Les unions de syndicats n'ont dès lors d'autres droits que ceux appartenant à toute association de fait fonctionnant en vertu d'une autorisation administrative (cercles, sociétés littéraires, scientifiques). Toute union pourra donc avoir une caisse sociale, mais les valeurs déposées dans cette caisse appartiendront indivisément aux syndicats adhérents. De même en cas de procès, intéressant l'union toute entière, tous les syndicats qui la composent devront figurer en nom dans l'instance et dans tous les actes de procédure.

La jurisprudence admet cependant qu'une union peut avoir une personnalité distincte des syndicats qui la composent, à la condition qu'elle se constitue en société civile ou commerciale conformément à la loi de 1867. C'est, du moins, ce qu'à décidé le Tribunal de Commerce de la Seine par un jugement en date du 1er mars 1888 (*Revue des Sociétés* 1888, p. 297), confirmé par la Cour de Paris, déclarant que l'*Union nationale du commerce et de l'industrie* (union de syndicats) étant une *société commerciale* qui a pour métier de provoquer la formation de syndicats professionnels et de leur offrir un local et certaines commodités en échange de cotisations régulières et d'engagements pris par ces syndicats vis-à-vis d'elle, a droit de réclamer l'exécution de ces engagements et par suite, de retenir les archives d'un syndicat qui abandonne l'Union. » Dans ce cas, l'union a la personnalité civile, non en tant qu'union, mais en tant que société commerciale.

« Cette solution, comme le fait remarquer justement M. Pic (1), paraît avoir été dictée par des considérations de fait dont on ne saurait méconnaître l'importance ; l'union commerciale a rendu

(1) Pic, *op. cit.*, p. 157.

de tels services, sous la forme qu'elle s'était donnée bien avant la loi de 1884 qu'il a paru impossible de la déclarer irrégulièrement constituée, et de la contraindre à disparaître ou à se transformer. »

Mais il n'en reste pas moins vrai qu'en droit cette décision est sujette à la critique. Les syndicats professionnels, nous l'avons vu, n'ont pas le droit de faire des actes de commerce ; les unions ne sauraient avoir plus de droit qu'eux. Nous ne nions pas qu'ainsi restreintes, elles auront une action limitée, mais c'est précisément ce qu'a voulu le législateur, dont le but n'a pas été de fortifier les unions, mais au contraire de les empêcher d'acquérir une trop grande puissance. Du reste les unions peuvent s'adjoindre des sociétés régulièrement constituées qui accompliront les actes qu'elles sont incapables de faire directement.

CHAPITRE V

SANCTIONS DE LA LOI DE 1884

Pour faire respecter les dispositions de la loi de 1884, le législateur a établi deux sortes de sanctions : civiles et pénales. Les sanctions civiles (art. 8) s'appliquent aux acquisitions faites en dehors des termes de l'art. 6 ; les sanctions pénales (art. 9) sont destinées à prévoir les infractions commises en violation des art. 2 à 6. Nous nous occuperons des uns et des autres dans deux sections spéciales ; dans une troisième nous concilierons la loi de 1884 avec la législation antérieure.

SECTION I

Sanctions civiles.

L'art. 8 nous les indique en ces termes : « *Lorsque des biens auront été acquis contrairement aux dispositions de l'art. 6, la nullité de l'acquisition ou de la libéralité pourra être demandée par le Procureur de la République ou par les intéressés. Dans le cas d'acquisition à titre onéreux, les immeubles seront vendus et le prix en sera déposé à la caisse de l'association. Dans le cas de libéralité, les biens feront retour aux disposants ou à leurs héritiers ou ayants-cause.* »

Nous avons déjà constaté, en précisant les limites de la personnalité civile des syndicats, que cet art. 8 ne vise que les acquisitions immobilières ; la capacité des syndicats restant en effet entière en ce qui concerne les acquisitions mobilières, celles-ci doivent échapper à toute sanction. Aussi est-ce à tort que l'art. 8 se sert du mot générique « *biens* » ; c'est l'expression « *biens immobiliers* » qu'il eût fallu employer.

Cette remarque faite, quel sera le sort d'acquisitions immobilières réalisées par un syndicat en dehors des prescriptions légales de l'art. 6 ? Il faut distinguer ici avec la loi suivant qu'il s'agit d'acquisitions à titre onéreux ou d'acquisitions à titre gratuit.

1° *Acquisitions à titre onéreux.* — A lire le § 1er de l'art. 8 on croirait que toute acquisition faite en contravention de l'art. 6 est nulle : « *la nullité de l'acquisition ou de la libéralité.* » Mais la lecture du § 2 nous montre qu'il n'en est pas ainsi : « *dans le cas d'acquisition à titre onéreux, les immeubles seront vendus et le prix en sera déposé à la caisse de l'association.* » Si l'acquisition était nulle, la vente ou toute autre convention à titre onéreux devrait être déclarée nulle ; elle ne serait pas formée, n'aurait aucune existence et l'immeuble devrait rentrer dans le patrimoine du vendeur. Il n'en est rien ; le contrat reste intact et parfaitement valable : les Tribunaux ont simplement le droit d'ordonner la revente judiciaire de l'immeuble. Le produit de la vente devra donc être versé dans la caisse du syndicat, qui peut posséder des meubles sans limitation.

De la validité du contrat d'acquisition découlent des conséquences importantes : le vendeur ne peut se refuser à délivrer l'immeuble, ni exciper de l'irrégularité de la vente pour se le faire restituer. De même l'acheteur, car le syndicat ne pourrait, en invoquant la nullité, refuser de prendre livraison ou de payer le prix. Il devient propriétaire incommutable et en cette qualité il peut consentir des servitudes, des hypothèques qui devront être respectées ; tous les actes qu'il fait sont valables.

2° *Acquisitions à titre gratuit.* — Elles sont entâchées d'une véritable nullité, nullité absolue et d'ordre public qui rescinde en entier l'acquisition. Les biens acquis sont censés n'avoir jamais été acquis, et, comme tels, ils font retour à celui auquel l'aliénation a nui. C'est au donateur ou à ses ayants-cause en cas de démission ; c'est à la succession du défunt, lorsqu'il s'agira d'un legs. C'est ce que dit l'art. 8 *in fine* : « *dans le cas de libéralité, les biens feront retour aux disposants ou à leurs héritiers ou ayants-cause.* »

Mais qu'arriverait-il si les donateurs ou leurs ayants-cause se refusaient à reprendre le bien donné ? La loi n'a pas prévu ce cas qui peut cependant se présenter.

D'après certains auteurs le syndicat aurait le droit de vendre l'immeuble et d'en verser le prix dans sa caisse. « Ainsi, dit Boullay, dans son *Code des syndicats professionnels*, seraient respectés à la fois et l'intention libérale du donateur, puisque le syndicat s'enrichira par son fait, et les prescriptions de la loi, puisque la fortune immobilière ne s'accroîtra pas hors des limites fixées par l'art. 6. » Ce serait là évidemment la solution la plus rationnelle, mais elle n'est guère admissible en présence du texte formel de la loi.

Pour nous, nous estimons que les principes ne permettent pas d'adopter cette solution et nous pensons plutôt avec M. Ledru et Worms (1) que

(1) Ledru et Worms, *Loi sur les syndicats profess.*, p.158, n° 81.

l'immeuble devrait être mis sous séquestre, car il s'agit d'une possession litigieuse : art. 1161 C. C. ou bien encore vendu et le prix déposé à la caisse des dépôts et consignations. Mais en pratique les donateurs auraient un moyen plus simple de manifester leur délicatesse : vendre l'immeuble et en verser le prix à la caisse du syndicat. Ce serait le seul moyen en fait de le faire profiter de leur intention généreuse.

Après avoir fixé le sort des acquisitious faites au mépris des dispositions de la loi, l'art. 8 nous indique certaines formalités de procédure concernant l'action en nullité.

Et d'abord qui peut intenter l'action en nullité? Ce sont le Procureur de la République et les intéressés.

Le *Procureur de la République.* C'est là un droit exceptionnel accordé au Ministère public, qui, en règle générale, n'a pas d'action en matière civile. Sans doute, il peut prendre des conclusions dans toutes les affaires civiles, mais pour intenter une action, saisir directement le Tribunal, il faut une disposition expresse de la loi. Le législateur de 1884 a cru devoir lui donner ce pouvoir pour faire prononcer sûrement la nullité d'acquisitions faites contrairement à la loi.

Le Ministère public peut intenter l'action devant le Tribunal civil, c'est ce qui résulte du texte de l'art. 8. Il a de plus le droit de porter son action devant le Tribunal correctionnel conformément à l'art. 9, et même en pratique c'est ce qui arrivera le plus souvent. Le seul fait d'acquérir des immeubles en contravention de l'art. 6 constituant un délit correctionnel, le Tribunal, en ce cas, appliquera les sanctions pénales de l'art. 9 et ordonnera, à titre de peine accessoire, la revente des immeubles indûment acquis ou la nullité des libéralités. S'il en est ainsi, le droit exceptionnel d'intervention directe, que l'art. 8 attribue au Procureur de la République en matière civile, se trouvera singulièrement limité dans son application. Toutefois, il pourra s'exercer encore dans quelques cas limités, notamment :

1° Lorsque l'action pénale sera devenue impossible par suite de la prescription triennale.

2° Lorsque le Ministère public aura négligé de demander la nullité pendant l'instance correctionnelle.

Les *intéressés* peuvent aussi demander la nullité. Cette expression est défectueuse, du moins en ce qui concerne les acquisitions à titre onéreux. Dans ce cas, en effet, nous l'avons vu, le contrat reste parfaitement valable, l'acquisition n'est pas nulle ; il ne saurait donc être question d'intéressés à demander la nullité. « Le vendeur, l'acheteur ou leurs ayants-cause seraient des intéressés, s'ils pouvaient faire rescinder la vente ; mais du moment que cette rescision est impossible, ils n'ont aucun intérêt à agir ; or, sans intérêt pas d'action » (1). En fait d'intéressés, il n'y a ici que

(1) Pic., *op. cit.*, p. 139.

le parquet chargé de veiller à l'observation des lois ; lui seul aura le droit d'agir.

Il en est tout autrement dans le cas d'acquisitions à titre gratuit faites en contravention de l'art. 6. Ici l'opération est radicalement nulle et, l'immeuble faisant retour aux disposants, il est bien évident que ceux-ci ont tout intérêt à agir. Par intéressés il faut entendre non seulement le disposant mais aussi les créanciers, ses héritiers, le syndicat acheteur et ses créanciers. Le Ministère public pourra aussi user de ce droit.

Une fois la juridiction compétente saisie, l'affaire sera instruite et jugée suivant les formes ordinaires. Aucune procédure particulière n'est imposée.

SECTION II

Sanctions pénales.

Elles punissent certaines infractions ou violations de la loi que les syndicats pourraient commettre et qui constituent des délits correctionnels.

1° Quelles sont ces infractions ? L'art. 9 répond : « *les infractions aux dispositions des art. 2, 3, 4, 5 et 6 de la présente loi.* » Ces infractions consistent donc dans la composition illégale du syndicat, dans l'entreprise d'opérations qui n'aurait pas pour objet exclusif l'étude et la défense des intérêts économiques, industriels, commerciaux et agricoles ; dans l'inaccomplissement des conditions de forme : dans l'administration illégale de l'association par des individus non français ou ne jouissant pas de leurs droits civils ; dans la formation d'unions contrairement aux dispositions de la loi ; enfin dans les acquisitions d'immeubles contrairement à l'art. 6.

Toutes ces infractions seront poursuivies par le Ministère public, soit d'office, soit sur la plainte de l'administration devant le Tribunal correctionnel.

2° Quelles sont, maintenant, les peines applicables à ces infractions ? L'art. 9 les détermine en ces termes : « *les infractions aux dispositions des art. 2, 3, 4, 5 et 6 de la présente loi seront poursuivies contre les directeurs ou administrateurs des syndicats et punis d'une amende de 16 à 200 fr. Les Tribunaux pourront, en outre, à la diligence du Procureur de la République, prononcer la dévolution du syndicat et la nullité des acquisitions d'immeubles faites en violation des dispositions de l'art. 6.*

« *En cas de fausse déclaration relative aux statuts et aux noms et qualités des administrateurs ou directeur, l'amende pourra être portée à 500 francs.* »

Il y a donc une peine principale et des peines accessoires. La peine principale sera l'amende de 16 à 200 fr. La mauvaise foi n'est pas exigée car il s'agit de simples contraventions qui sont déférées aux Tribunaux correctionnels par des lois spéciales à cause du *quantum* de l'amende. Celle-ci peut être portée à 500 (art. 9, § 3) pour le cas de fausse déclaration relative aux statuts et aux noms et qualités des administrateurs. Ici, il y a un véritable délit, aussi l'intention coupable est exigée. S'il n'y avait de la part des déclarants qu'une simple erreur au lieu d'une déclaration mensongère, ce ne serait pas le § 3 qu'il faudrait appliquer mais bien le § 1er.

Comme l'art. 463 C. P. n'est pas visé par notre loi, les circonstances atténuantes sont inapplicables et la peine ne pourra jamais être inférieure à 16 fr.

A côté de la peine principale qui est obligatoire, le législateur a placé deux peines accessoires : la dissolution du syndicat et la nullité des acquisitions faites en violation de l'art. 6. Mais ces peines sont facultatives ; «*les tribunaux pourront..*» dit l'art. 9. Ces derniers ne peuvent pas le prononcer d'office, mais seulement à la diligence du Procureur de la République. Ils sont libres d'en frapper ou de ne pas en frapper l'association et il est certain que pour la dissolution qui a des conséquences très graves pour le syndicat et son patrimoine, les tribunaux ne la prononceront que dans certains cas tout à fait exceptionnels et non pour de légères infractions.

De plus, ces peines étant accessoires, il en résulte que si la peine principale n'est pas prononcée, si les directeurs ne sont pas condamnés à l'amende, la nullité des acquisitions, ni la dissolution ne peuvent être prononcées par les juges correctionnels.

Bien que le texte ne le dise pas, les tribunaux correctionnels ont également le pouvoir d'ordonner la vente des immeubles qui auraient été acquis par les syndicats en contravention des dispositions de l'art. 6. L'art. 9 doit sur ce point être combiné avec l'art. 8.

On peut au premier abord paraître surpris de retrouver dans l'art. 9 une disposition qui a déjà trouvé sa place dans l'art. 8 avec lequel elle semble faire double emploi. Cette particularité n'a pas cependant échappé aux auteurs de la loi de 1884 et elle a été expliquée de la façon suivante ; « La disposition de l'art. 8 se rattache à la pensée d'une action dirigée par le Procureur de la République avec les intéressés devant le Tribunal civil, la disposition de l'art. 9 au contraire, vise une action en répression dirigée devant le Tribunal correctionnel. »

Il est à remarquer qu'aucune des infractions à la loi de 1884 n'entraîne la nullité des divers actes faits par le syndicat, sauf le cas spécial prévu par l'art. 6 quand il s'agit d'acquisitions d'immeubles à titre gratuit. C'est ainsi qu'il a été jugé que l'absence du dépôt légal des statuts n'entraîne point de nullité et que par suite l'intervention en justice d'un président de syndicat, dont le nom n'a pas été indiqué lors du dépôt, n'était point pour cela irrecevable.

3e Quelles personnes peuvent être poursuivies ?

Ce sont les directeurs ou administrateurs du syndicat (art. 9, § 1). Les poursuites ne sauraient donc jamais être dirigées contre les simples membres du syndicat ; ils ne seront frappés qu'indirectement par la dissolution du syndicat.

Si l'on punit les directeurs et les administrateurs, c'est pour la double raison que leur qualité supposant une capacité particulière les assujettit à une responsabilité plus grande et qu'ensuite le seul moyen d'atteindre le syndicat est de frapper ses représentants légaux.

Cette disposition de l'art 9 n'est autre chose que la reproduction presque littérale de l'art. 292 du C. P. déclaré inapplicable par la loi actuelle aux syndicats professionnels.

Section III

Conciliation de la loi de 1884 avec la législation pénale antérieure.

Nous avons dit au début de notre travail que l'art. 1 r déclarait inapplicables aux syndicats professionnels les art. 291 à 294 du C. P. et la loi du 10 août 1834. D'autre part nous venons de voir que l'art. 9 ne punissait que d'une amende les infractions à la loi de 1884. La combinaison de ces deux articles peut faire naître certaines difficultés.

Supposons en effet qu'une association illicite soit poursuivie en vertu des art. 291 et suivants du C. P. et de la loi de 1834. Ne pourra-t-elle pas prétendre qu'elle n'est qu'un syndicat irrégulier, qu'elle n'a fait que violer tel ou tel article de la loi de 1884 et que par conséquent elle n'est punissable que des peines plus douces édictées par cette dernière? Elle a en effet à cette revendication un intérêt considérable puisque la loi de 1834 déclare que tout membre de l'association illicite peut être poursuivi et que les peines peuvent être de 50 à 1000 francs d'amende et de deux mois à un an de prison.

Que doit-on décider? Il faut, selon nous, distinguer entre les associations formant un véritable syndicat professionnel et celles qui ne constituent un syndicat qu'en apparence: les premières resteront soumises à la loi de 1884, les secondes continueront à être régies par les lois générales sur les associations. La question se ramène donc à savoir dans quel cas une association sera ou non professionnelle.

A cet égard les Tribunaux seront suffisamment éclairés par les art. 2 et 3 de la loi qui regardent la composition des membres du syndicat et son objet comme les traits caractéristiques de toute association professionnelle. Chaque fois donc que ces éléments essentiels feront défaut, on se trouvera en présence d'associations illicites qui tomberont sous le coup des pénalités édictées par le Code pénal et la loi de 1834. Ce sont là des questions de fait que les Tribunaux devront apprécier et résoudre.

Cette opinion est du reste conforme à l'esprit de

la loi. On peut s'en convaincre facilement par ce passage des travaux préparatoires : « Si le Syndicat, dit très nettement M. Allain-Tarjé, perdait son caractère professionnel, il perdrait en même temps les immunités garanties par l'art. 1er de la loi. Les délinquants ne seraient pas couverts par le titre syndical qu'ils auraient pris à tort. »

La circulaire ministérielle admet la même solution dans les termes suivants : « Quant aux associations qui, sous le couvert de syndicats, ne seraient point en réalité des sociétés professionnelles, c'est la législation générale et non la loi du 21 mars qui leur serait applicable. »

Une autre difficulté peut encore s'élever sur la combinaison de la loi de 1884 avec la loi sur la presse (art. 23 et 24 de la loi du 29 juillet 1881.) Ces articles, qui punissent comme complices des crimes et délits « ceux qui par des discours... dans des lieux ou réunions publics, auront provoqué à ces crimes et délits », s'appliqueront-ils lorsque ces faits se seront produits dans la réunion d'un syndicat ? La question se ramène à celle-ci : les séances d'un syndicat ont-elle un caractère public ou privé ? Nous n'hésitons pas à les regarder comme des réunions privées. Elles ne sont pas en effet accessibles au public : pour y assister, il faut être membre du syndicat ou être muni d'une carte d'invitation personnelle. Les art. 23 et 24 leur sont donc inapplicables. Les travaux préparatoires ne laissent du reste aucun doute à cet égard.

Le Sénat avait voté un article additionnel rendant applicables aux syndicats ces deux dispositions. La Chambre le repoussa sur les observations très justes du rapporteur. « Rendre les art. 23 et 24 de la loi du 29 juillet 1881 applicables aux réunions *privées* tenues par les associations syndicales, c'est, disait M. Lagrange, rapporteur, amoindrir, faire disparaître au détriment de celles-ci les libertés de réunions acquises et consacrées par nos lois. »

Le texte des articles 23 et 24 ne s'applique donc pas à ces réunions privées. Mais si le syndicat recevait indistinctement tous ceux qui se présenteraient, il y aurait réunion publique et le droit commun devrait s'appliquer. C'est ce que déclarait encore le rapporteur : « la réunion publique n'est à aucun titre, une réunion de l'association syndicale ; à aucun titre, elle n'échappe au droit commun. »

Il en résulte donc que les faits de provocation à des crimes ou délits, lorsqu'ils viendront à se produire dans la réunion d'un syndicat, demeureront soumis au régime du droit commun : l'auteur de ces provocations ne pourra être poursuivi en principe que si elles ont été suivies d'effet et seulement à titre de complice (art. 60 C. P.) ou si la réunion par suite de circonstances toutes particulières pouvait être considérée comme une réunion publique (art 23 et 24 de la loi de 1881).

Enfin, une dernière difficulté peut se présenter. Supposons que des personnes pouvant se syndiquer forment une association sans remplir les formalités de la loi de 1884 ; ils sont moins de 20. Le Ministère public pourra-t-il les poursuivre en vertu de l'article 9 ? Nous ne le pensons pas. La loi de 1884 permet de s'associer suivant une forme toute spéciale, qu'elle favorise particulièrement ; elle n'empêche personne de se réunir suivant les règles antérieures. Cette association sera donc licite conformément à l'art. 291 C. P. seulement elle ne jouira pas des avantages concédés par la loi de 1884, entre autres de la personnalité civile.

Pour finir nous résumerons ainsi nos observations :

1° Les infractions commises par les véritables syndicats professionnels ne sont punissables que conformément à l'art. 9.

2° Les art. 291 et suivants et la loi de 1834 continuent à rester applicables aux associations illicites déguisées sous le nom de syndicats.

3° Les art. 23 et 24 de la loi de 1881 sur la presse ne sont pas applicables aux réunions privées des syndicats.

CHAPITRE V

APPLICATION DE LA LOI A L'ALGÉRIE ET A CERTAINES COLONIES

L'article 10 déclare que la loi de 1884 est « *applicable à l'Algérie et également aux colonies de la Martinique, de la Guadeloupe et de la Réunion.* »

Cet article était indispensable pour éviter des difficultés. La jurisprudence constante de la Cour de Cassation décide en effet que les lois de la métropole ne sont applicables à l'Algérie que lorsqu'elles sont la continuation ou la modification des lois existantes, ou lorsqu'il y a eu promulgation spéciale. La Cour d'Alger, au contraire, décide que les lois applicables en France sont toujours applicables en Algérie en dehors des deux hypothèses précédentes.

Avec l'article 10, aucun doute n'est donc plus permis aujourd'hui : l'Algérie et les colonies jouiront des mêmes avantages que la loi actuelle confère à la métropole.

Quant à la Martinique, la Guadeloupe et la Réunion, on sait que ce sont les seules colonies qui ne soient pas soumises au régime des décrets ; il fallait une disposition spéciale pour elles.

Toutefois une certaine limitation est apportée à la composition des syndicats, qui, dans les colonies, ne peuvent comprendre des étrangers. Tel est l'objet de la seconde disposition de l'article 10 : « *Toutefois les travailleurs étrangers et engagés sous le nom d'immigrants ne pourront faire partie des syndicats.* » La loi ne fait aucune distinction entre les travailleurs étrangers. Donc nous devons décider qu'aucun étranger, de quelque pays qu'il soit, même celui autorisé à établir son domicile en pays français, ne peut faire partie des syndicats.

Cette disposition, il faut l'avouer est assez anormale puisque tous les étrangers pourraient, comme nous l'avons vu, se syndiquer, s'ils étaient en France, mais elle résulte rigoureusement du texte lui-même. Toutefois il est bon d'observer qu'elle ne s'applique pas aux Français étrangers à la colonie et par suite immigrants ; le rapporteur, M. Tolain, l'a formellement déclaré au Sénat (1).

(1) *J. off.* 1884, Sénat, Déb. parlem., p. 577.

TITRE III

DISSOLUTION DES SYNDICATS PROFESSIONNELS

Un syndicat professionnel est une personne morale possédant une vie juridique, c'est-à-dire qu'elle naît, vit et meurt. Nous venons d'étudier sa constitution et son fonctionnement, autrement dit sa naissance et son développement ; il nous reste à voir sa fin, c'est-à-dire sa dissolution. Tantôt le syndicat ne fait que s'appauvrir par degrés, s'amoindrir, il en est ainsi dans le cas de démission ou d'exclusion de ses membres ; tantôt il s'éteint complètement par la destruction de sa personnalité.

CHAPITRE Ier

AMOINDRISSEMENT DU SYNDICAT

Il est dû à trois causes : le décès, la démission et l'exclusion de ses membres.

§ I. — *Décès d'un membre.*

La qualité de membre d'un syndicat ne saurait être transmise par héritage. Les héritiers d'un membre défunt ne peuvent avoir aucun droit dans le syndicat auquel il était affilié : les droits et obligations du syndiqué s'éteignent avec lui. Toutefois l'exercice de chaque syndicat se réglant par année et étant indivisible, quand l'année est commencée, la cotisation est due pour l'année entière. Les héritiers sont donc tenus envers le syndicat d'acquitter la cotisation de l'année courante due par le membre décédé au cours d'un exercice.

§ II. — *Retraite ou démission des membres.*

C'est l'article 7 qui prévoit ce cas : « *Tout membre d'un syndicat professionnel, dit-il, peut se retirer à tout instant de l'association, nonobstant toute clause contraire, mais sans préjudice du droit pour le syndicat de réclamer la cotisation de l'année courante. Toute personne qui se retire d'un syndicat conserve le droit d'être membre des sociétés de secours mutuels et de pensions de retraite pour la vieillesse à l'actif desquelles elle a contribué par des cotisations ou versements de fonds.* »

Ainsi, tout d'abord, un membre peut se retirer du syndicat librement, quand il le veut, nonobstant toute clause contraire. Cette disposition est certainement une dérogation aux principes généraux, car, en règle ordinaire, une personne peut toujours s'engager pour un certain temps : art. 1865-1871, C. C., art. 52, loi de 1867. « Cette dérogation au droit commun, dit M. Veyan (1),

(1) Veyan, *Loi sur les syndicats professionnels*, p. 205.

s'explique par la crainte que par des dépenses, des proscriptions ou des amendes, on ne puisse influencer la volonté du syndiqué et enchaîner sa liberté. On permet ainsi au membre d'un syndicat de se soustraire volontairement à des engagements contractés par lui à la légère, ainsi que s'ils étaient le résultat d'une pression ou d'une contrainte, soit morale, soit pécuniaire. »

Est-il nécessaire d'ajouter que si l'associé s'était engagé à payer une amende pour le cas où il se retirerait de la société, le syndicat ne pourrait en exiger le paiement? L'amende a ici le caractère d'une clause pénale, laquelle suit le sort de l'obligation principale, entachée elle-même de nullité (art. 1227, C C.).

Le syndicat n'a qu'un seul droit, c'est celui de réclamer la cotisation de l'année courante au membre démissionnaire. Par année courante il faut entendre celle au cours de laquelle la démission a eu lieu et non celle qui commence à courir au moment de la démission, comme on l'a soutenu à tort. Mais si la cotisation n'était payable qu'au mois, ce qui arrive souvent dans les syndicats ouvriers, le syndicat ne pourrait exiger que le paiement du mois courant.

Malgré sa retraite le membre démissionnaire conserve néanmoins l'exercice de certains droits dans le syndicat et notamment celui de demeurer membre des caisses de secours mutuels et de pensions de retraite pour la vieillesse. Cette disposition a pour but d'empêcher que la crainte de perdre en un instant tous les avantages pécuniaires qu'il devait retirer de ses versements dans les caisses de retraite et de secours, ne mît obstacle à la volonté du syndiqué de sortir du syndicat Toutefois il ne saurait exercer ce droit qu'à une condition, c'est de contribuer par ses cotisations à la formation de la caisse. D'où il suit, ainsi que le fait remarquer justement M. Veyan (1), que si la caisse de secours, au lieu d'être alimentée au moyen de versements sous forme de cotisations individuelles, l'était au moyen de prélèvement sur les fonds sociaux du syndicat, le membre du syndicat démissionnaire ne saurait se prévaloir des dispositions de l'art. 7 pour demander son maintien dans la société Dans ce cas les cotisations se confondent, la caisse de secours devient partie intégrante du fond social et l'on ne saurait admettre que le démissionnaire puisse être membre d'une caisse de secours, alors qu'il n'est plus membre du syndicat.

Mais le membre démissionnaire pourrait-il prétendre à une part dans l'actif social syndical? Nous ne le pensons pas. En règle générale l'associé n'aura pas le droit de réclamer une part de l'actif social. Cet actif appartient au syndicat, personne morale, au profit duquel le membre participant l'a aliéné sans réserve. Il ne peut donc ni en demander le partage, ni reprendre son apport. Mais l'on peut très-bien dans les statuts insérer des clauses

(1) Veyan, *op cit.*, p 210.

contraires ; ces clauses sont parfaitement valables et constituent une convention obligatoire pour les parties.

Cette décision, conforme du reste aux principes, résulte de la discussion de l'art. 7 et du rejet d'un amendement contraire de M. Marcel Barthe.

§ III. — *Exclusion du syndicat.*

L'exclusion des membres d'un syndicat n'est pas prévue par la loi de 1884, mais, comme les statuts sont la loi des parties, on ne saurait leur méconnaître le droit de stipuler des cas d'exclusion. Presque toujours les causes d'exclusion auront été prévues par les statuts, en ce cas il n'y aura pas de difficultés possibles. Le bureau ou l'assemblée générale du syndicat prononceront l'exclusion. Si le membre exclu refuse de se conformer à cette décision, les administrateurs s'adresseront au Tribunal civil du siège social pour faire prononcer l'expulsion et, s'il y a lieu, obtenir des dommages-intérêts.

Mais un syndicat peut-il prononcer l'exclusion d'un de ses membres en dehors des cas prévus par les statuts ? Cela ne paraît pas admissible, étant donné la nature du contrat syndical. C'est ce que fait très bien ressortir un arrêt de la Cour de Rouen en date du 24 mai 1890 (1) qui déclare avec raison qu'il se forme entre le syndiqué et

(1) *Revue des Sociétés*, 1890, p. 587. — Dans le même sens, D. 91, 2, 2.

le syndicat « *par le fait même de son admission* un contrat dont les statuts constituent le titre ; que si tout membre d'un syndicat professionnel peut, aux termes de la loi du 21 mars 1884, se retirer à tout instant de l'association, nonobstant toute clause contraire, et rompre ainsi le contrat, la loi n'accorde pas à la société le droit de le priver sans son consentement du bénéfice de l'association ; qu'elle ne serait fondée qu'à poursuivre contre lui la résiliation du contrat, s'il avait manqué à ses engagements *tels qu'ils sont déterminés par les statuts ;* mais que, dans ce cas, les Tribunaux seuls auraient compétence pour statuer sur la contestation, d'après l'art. 1134 du C. C. »

L'arrêt de la Cour déclare ensuite *illégale* toute exclusion qui ne résulte pas des statuts : « Attendu, en effet, que l'exclusion est une peine ; que les statuts qui l'édictent sont la loi applicable ; qu'en matière pénale les dispositions de la loi sont de droit étroit et ne peuvent recevoir d'extension par voie d'interprétation ou d'assimilation. »

Le membre exclu a-t-il le droit de se pourvoir devant les Tribunaux contre son exclusion ?

La question est délicate et très controversée. Dans un premier système on soutient que les statuts étant la loi des parties (art. 1134, C. C.) les Tribunaux sont incompétents pour vérifier si l'exclusion a été prononcée à bon droit.

Dans un second système, auquel avec la jurisprudence nous nous rallions, il n'est pas possible de refuser aux membres exclus le droit de réclamer devant les Tribunaux, parce que toute clause par laquelle il est convenu que le syndicat ou son bureau est *seul* juge de l'exclusion de ses membres est une clause compromissoire défendue par l'art. 1006 du Code de pr. civile et par conséquent nulle comme portant sur des contestations futures.

A moins de dispositions spéciales dans les statuts, les droits et obligations du membre exclu sont les mêmes que ceux du membre démissionnaire.

CHAPITRE II

DISSOLUTION DU SYNDICAT

Dans le cas de décès, de démission ou d'exclusion que nous venons d'examiner, la vie syndicale n'était qu'amoindrie, diminuée, mais sa personnalité subsistait. Nous allons voir maintenant à la suite de quelles causes le syndicat s'éteint, s'évanouit, c'est-à-dire perd sa personnalité mo-morale.

Les causes de dissolution d'un syndicat peuvent être volontaires ou forcées.

§ I. — *Dissolution volontaire.*

Les cas de dissolution volontaire sont au nombre de trois :

1° *L'arrivée du terme fixé par les statuts.* — Dans cette hypothèse la personne morale meurt subitement et de plein droit. Toutefois l'assemblée générale pourrait empêcher cette cause d'extinction de produire effet en décrétant (avant l'arrivée du terme statutaire) la prorogation du syndicat pour une durée déterminée, ou même en supprimant purement et simplement le terme fixe assigné primitivement à l'association.

2° *La réalisation du but, l'accomplissement de l'événement en vue duquel le syndicat a pu se constituer.* — C'est ainsi qu'un syndicat constitué exclusivement en vue de soutenir une grève prendra fin après la reprise du travail, à moins que les syndiqués ne votent, ainsi que cela arrive le plus souvent, la prorogation indéfinie du syndicat.

3° *Le vote de dissolution émané de la majorité des membres du syndicat.* En droit strict, il serait plus conforme de demander l'unanimité des membres et de n'accorder à la majorité que le droit de se retirer conformément à l'art. 7. « Mais alors, ainsi que le remarque M. Dufourmantelle (1), cette majorité devrait abandonner toutes les ressources du syndicat à la minorité qui veut la continuation de l'association : Or ce serait là une véritable spoliation que le législateur n'a certainement pas entendu consacrer ; nous déciderons donc qu'en ce cas l'avis de la majorité doit entraîner la dissolution du syndicat. » C'est, du reste,

(1) En ce sens, Dufourmantelle, *op. cit.*, p. 52. — Contra : Pic, *op cit.*, page 146. — Revon, *Les syndicats professionnels et la loi du 21 mars 1884*, p. 366.

le principe admis dans toutes les sociétés civiles et commerciales.

On peut se demander, toutefois, s'il n'y a pas dans cette faculté de dissolution accordée à la majorité des membres d'un syndicat un péril pour l'avenir des associations professionnelles. « Une majorité peu scrupulense, fait remarquer justement M. Giraud (1), pourrait, en effet, être tentée de rechercher une occasion de gain dans la dissolution et dans le partage du capital social. Pour rendre cette dissolution plus difficile, il sera prudent pour les syndicats d'insérer dans leurs statuts une clause portant que la dissolution ne pourra être votée que par une majorité des deux tiers ou des trois quarts des membres de l'association »

§ II. — *Dissolution forcée.*

La dissolution forcée, nous l'avons vu, est celle qui est prononcée à titre de peine complémentaire par les tribunaux, conformément à l'art. 9, *pour infraction aux dispositions des art. 2, 3, 4, 5 et 6 de la loi.* Cette dissolution est une mesure très rigoureuse. Aussi ceux-ci feront-ils bien de n'en faire usage que prudemment et dans le cas seulement de contraventions graves aux prescriptions légales.

Effets de la dissolution. — Quand un syndicat sera dissous, que deviendront ses biens ? Doit-on dire que la personne morale ayant disparu les

---

(1) Giraud, *Les syndicats prof. agricoles et la loi de 1884*, p. 88.

biens devront être considérés comme bien vacants et à ce titre devront revenir à l'Etat, conformément à l'art. 713, C. C. (1). Cette solution est logique dans le système d'après lequel les syndicats professionnels constitueraient des établissements d'utilité publique, mais, pour nous qui en avons fait des sociétés privées, notre solution est tout autre. Nous ne pensons pas que la loi ait voulu consacrer une doctrine dont les conséquences seraient aussi iniques. La dissolution serait, en ce cas, une mesure de confiscation. « Pour la moindre infraction on serait exposé à voir bientôt et suivant le caprice ou l'arbitraire des agents du Ministère public bien des syndicats dissous et l'Etat devenir ainsi propriétaire de capitaux considérables représentant des salaires d'ouvriers, laborieusement accumulés en vue de la formation d'un fonds social indivis entre eux. » (2).

Nous estimons avec la grande majorité des auteurs qu'après la dissolution de la personne morale les associés deviennent propriétaires de l'actif commun créé par leurs cotisations et leurs travaux. La situation d'un syndicat est, en effet, analogue à celle d'une société commerciale. Les membres ont un droit éventuel au partage de l'actif pendant toute la durée de l'association et ce droit s'ouvre pour eux par la dissolution.

---

(1) En ce sens, Pic, *op. cit.*, p. 149. — Ducrocq, *Droit administratif*, t. II, n° 1337.

(2) Veyan, *op. cit.*, p. 229.

De quelle manière aura lieu la liquidation ? Si les statuts règlent d'avance l'affectation à donner au patrimoine social en cas de dissolution, il n'y aura point de difficultés. Si les statuts ne s'expliquent pas sur ce point, les syndiqués se partageront par tête, après paiement du passif, le patrimoine syndical, sans distinction pour le temps plus ou moins long pendant lequel ils auront fait partie de l'association et payé leurs cotisations. Les anciens membres du syndicat n'auront aucun droit à faire valoir dans le partage; de même les héritiers des membres décédés avant la dissolution.

TROISIÈME PARTIE

LES SYNDICATS PROFESSIONNELS

AU POINT DE VUE ÉCONOMIQUE

Nous avons achevé le commentaire de la loi du 21 mars 1884. Il nous reste, pour compléter cette étude, à rechercher brièvement quelle a été l'influence exercée par cette loi sur la constitution de syndicats réguliers et ses résultats au point de vue économique. Nous dirons aussi quelques mots des critiques qu'on peut lui adresser et des différentes réformes dont elle a été l'objet.

CHAPITRE Ier

RÉSULTATS OBTENUS — DÉVELOPPEMENT REMARQUABLE DES SYNDICATS AGRICOLES

Nous éviterons ici les formules générales et les considérations purement théoriques. Nous nous contenterons de produire des chiffres, des documents fournis par une statistique rigoureuse parce que nous estimons que c'est le meilleur moyen, au milieu d'appréciations si diverses à ce sujet, de ne pas faire œuvre de partialité et de faire connaître de la façon la plus exacte la véritable situation de nos associations professionnelles.

Mouvements des Syndicats professionnels constitués en exécution de la loi du 21 mars 1884 (au 1er juillet de chaque année jusqu'en 1896 inclusivement, et au 31 décembre à partir de 1897.)

ANNÉES	SYNDICATS				
	patronaux	ouvriers	mixtes	agricoles	TOTAUX
1884	101	68	1	5	175
1885	285	221	4	39	549
1886	359	280	8	93	740
1887	598	501	45	214	1.358
1888	859	725	78	461	2.123
1889	877	821	69	557	2.324
1890	1.004	1.006	97	648	2.755
1891	1.127	1.250	126	750	3.253
1892	1.212	1.589	147	863	3.811
1893	1.397	1.926	173	952	4.448
1894	1.518	2.178	177	1.093	4.966
1895	1.622	2.163	173	1.188	5.146
1896	1.731	2.243	170	1.275	5.419
1897	1.894	2.324	184	1.499	5.901
1898	1.965	2.361	176	1.824	6.326

Ces quelques chiffres suffiront à nous édifier complètement sur ce point et à nous montrer le rapide développement des associations professionnelles depuis la promulgation de la loi. C'est là un fait incontestable qui ressort avec évidence des statistiques annuelles publiées sous les auspices du ministère du commerce par l'*Annuaire des Syndicats professionnels*. Il suffit pour s'en rendre compte de se reporter au tableau ci-contre, extrait de cet Annuaire, qui donne le chiffre officiel des syndicats de toute nature existant au 1er janvier 1899.

Quoique les chiffres parlent éloquemment d'eux-mêmes, il est bon de faire remarquer que le développement le plus rapide a été celui des syndicats ouvriers. Ce résultat ne doit pas d'ailleurs nous surprendre, l'institution des syndicats ayant eu pour but principal la protection des intérêts ouvriers. Néanmoins la différence n'est pas aussi considérable qu'on aurait pu s'y attendre entre le chiffre total des syndicats patronaux et celui des syndicats ouvriers. Elle est plus grande en ce qui concerne le chiffre des adhérents, ainsi qu'on peut le constater par le tableau ci-dessous :

ANNÉES	ADHÉRENTS AUX SYNDICATS				
	patronaux	ouvriers	mixtes	agricoles	TOTAUX
1897	189.514	437.793	33.963	448.395	1.100.665
1898	151.624	419.761	34.236	491.692	1.097.313

Si nous nous attachons maintenant à la *répartition des syndicats par département*, nous voyons qu'elle varie considérablement, mais qu'elle suit aussi une progression ascendante.

Répartition générale et comparative des syndicats par départements pendant les deux dernières années 1897-1898.

DÉPARTEMENTS	EN 1897 patronaux	EN 1897 ouvriers	EN 1897 mixtes	EN 1897 agricoles	EN 1897 TOTAUX	AU 1er JANVIER 1899 patronaux	AU 1er JANVIER 1899 ouvriers	AU 1er JANVIER 1899 mixtes	AU 1er JANVIER 1899 agricoles	AU 1er JANVIER 1899 TOTAUX
Ain	4	26		29	39	6	8		36	[illegible]
Aisne	21	3	4	8	56	26	23	4	9	[illegible]
Allier	21	32	5	3	61	21	45	5	5	[illegible]
Alpes (Basses-)				15	15				19	[illegible]
Alpes (Hautes-)	4	3		18	25	3	1		17	[illegible]
Alpes-Maritimes	17	33	1	4	55	19	36	1	4	[illegible]
Ardèche	6	8		7	21	4	8		14	[illegible]
Ardennes	9	37	2	3	51	9	32	2	3	[illegible]
Ariège				2	2	1		1	2	[illegible]
Aube	16	14	1	27	58	16	11	2	38	[illegible]
Aude	13	18	3	8	42	12	21	3	8	[illegible]
Aveyron	5	17		4	26	4	7		5	[illegible]
Bouches-du-Rhône	93	123	8	36	260	96	118	8	41	[illegible]
Calvados	17	7	4	4	32	18	7	4	4	[illegible]
Cantal	4	1		3	8	4			4	[illegible]
Charente	12	31	1	37	81	14	25	1	40	[illegible]
Charente-Inférieure	11	10	1	10	32	17	10	1	8	[illegible]
Cher	12	38		9	59	15	41		11	[illegible]
Corrèze	8	14		4	26	6	14		5	[illegible]
Corse	1	1			2	1	2		1	[illegible]
Côte-d'Or	24	30	1	46	101	24	33	1	52	[illegible]
Côtes-du-Nord	6	1	1	32	40	7	1	1	34	[illegible]
Creuse	3	1		8	12	2	2		11	[illegible]
Dordogne	2	7		9	18	4	14		8	[illegible]
Doubs	14	25	2	20	61	16	24	1	88	[illegible]
Drôme	18	22		31	71	22	17		42	[illegible]
Eure	12	4	1	15	32	11	3		14	[illegible]
Eure-et Loir	11	5		6	22	14	4		5	[illegible]
Finistère	12	24	3	15	54	14	23	6	21	[illegible]
Gard	12	15		5	32	14	18		5	[illegible]
Garonne (Haute-)	32	61	4	5	102	33	52	4	7	[illegible]
Gers	4	3		22	29	4	1		28	[illegible]
Gironde	79	90	3	15	187	85	97	6	14	[illegible]
Hérault	22	59	2	19	102	23	59	3	21	[illegible]
Ile-et-Vilaine	13	26	7	9	55	13	26	12	9	[illegible]
Indre	5	14		24	43	6	11		24	[illegible]
Indre-et-Loire	22	21	2	80	125	27	26	3	94	[illegible]
Isère	36	55	3	61	155	41	57	3	98	[illegible]
Jura	6	13		11	30	5	10		19	[illegible]
Landes	3	3		10	16	3	2		12	[illegible]
Loir-et-Cher	9	9	2	29	49	12	7	2	26	[illegible]
Loire	39	75	1	19	134	42	67	2	29	[illegible]
Loire (Haute-)	8	8		4	20	9	11		3	[illegible]
Loire-Inférieure	43	69	8	11	131	48	72	7	11	[illegible]
Loiret	33	16	1	14	64	23	20	1	20	[illegible]
Lot	1	4		11	16	1	5		9	[illegible]
Lot-et-Garonne	7	13		17	37	8	10		14	[illegible]
A reporter	750	1089	71	769	2589	803	1081	84	901	[illegible]

DÉPARTEMENTS	EN 1897 patronaux	EN 1897 ouvriers	EN 1897 mixtes	EN 1897 agricoles	EN 1897 TOTAUX	AU 1er JANVIER 1899 patronaux	AU 1er JANVIER 1899 ouvriers	AU 1er JANVIER 1899 mixtes	AU 1er JANVIER 1899 agricoles
Report	750	1089	71	769	2589	803	1081	84	901
ère				7	7				13
ne-et-Loire	27	59	15	23	124	27	61	13	24
nche	6	3	1	3	13	8	8	1	8
rne	20	15	4	30	69	25	14	3	32
rne (Haute-)	5	5		33	43	5	5		37
enne	5	2	6	12	25	4	1	6	15
rthe-et-Moselle	16	20		13	49	17	21		15
use	4	2	1	12	19	6	4	1	48
bihan	6	7		33	46	8	6		43
vre	8	9		22	49	11	31		34
rd	79	90	10	12	191	85	95	9	13
e	11	20	1	6	38	12	14		6
ne	9	4		7	20	11	7	2	9
de-Calais	36	29	1	16	82	37	34	1	21
-de Dôme	14	10		2	26	14	14		2
énées (Basses-)	18	12		16	47	19	11	1	25
énées (Hautes-)	6	16		7	29	8	14		18
énées-Orientales	10	14		2	26	9	17	1	2
in (Haut-)	4	3		3	10	4	3		3
ône	77	132	11	18	238	89	138	9	20
ône (Haute-)	5	3	1	20	29	7	4	1	35
ône-et-Loire	9	13		21	43	10	11		30
rthe	12	27		22	61	13	25	1	23
voie	11	7		4	22	16	8		39
voie (Haute-)	6	8	1	3	18	6	7	1	2
ne	417	407	28	13	865	449	414	26	16
ne-Inférieure	63	51	2	7	123	64	47	2	8
ne-et-Marne	10	6		11	27	10	6		15
ne-et-Oise	38	26		24	88	36	25		34
res (Deux-)	10	23		6	39	11	22		25
mme	20	15	1	9	45	19	15	1	13
n	10	19	2	6	37	11	13		9
n-et-Garonne	5	4	1	6	16	6	4	1	7
r	10	35	1	33	79	14	32	1	36
ucluse	12	9		25	46	10	10		31
ndée	7	12	1	9	29	10	14		12
nne	7	7	3	13	30	8	12	3	11
nne (Haute-)	22	40	6	4	72	22	46	6	4
ges	8	4		13	25	6	5		17
ne	13	14		32	79	11	14		59
er	12	15		5	22	10	24		6
stantine	4	11	1	7	23	2	14	1	7
an	6	7	1		14	7	8		4
Guadeloupe / Martitinique	5	2		1	8	5	2		1
TOTAUX	1823	2316	170	1371	5680 (1)	1965	2361	176	1824

(1) D'après l'*Annuaire* tout récemment paru, de 1898-1899, ces chiffres doivent être ainsi recti[...] [...]cats patronaux, 1894 ; ouvriers, 2324 ; mixtes, 184 ; agricoles, 1499 ; Totaux, 5.901.

Parmi les villes françaises où le mouvement syndical s'est le plus accentué, on doit citer les suivantes : *Paris*, *Lyon*, *Marseille*, *Bordeaux*, *Nantes*, *Orléans*.

Les industries qui ont donné naissance au plus grand nombre de syndicats sont les suivantes (1) :

Industrie du bâtiment	753
Alimentation	752
Industrie métallurgique	468
Habillement et toilette	401
Industrie du livre	348
Industrie de luxe	253
Industrie et commerce du bois	191
Industries textiles	179

Quant aux *Unions des syndicats*, elles ont aussi prospéré. Au 21 mars 1884, il y en avait 20, dont 10 patronales et 10 ouvrières. Au 1er janvier 1899 on en comptait 179 comprenant 3314 syndicats. Elles se répartissent ainsi :

Unions patronales	46	Nombre de syndicats		791
Unions ouvrières	94	—	—	1.302
Unions mixtes	9	—	—	47
Unions agricoles	30	—	—	1.184
	170			3.314

Voici maintenant la statistique des œuvres diverses qui peuvent être annexées aux syndicats proprement dits.

La loi de 1884, nous l'avons vu, leur permet d'avoir des bibliothèques, des cours profession-

(1) *Bulletin de l'Office du travail*, année 1898, page 264.

nels. Ce sont les meilleurs moyens pour étudier les intérêts de la profession. Les ouvriers, les patrons, trouveront dans ces bibliothèques, dans ces cours, d'utiles auxiliaires pour augmenter leurs connaissances techniques et professionnelles ; les apprentis y apprendront le nouveau métier qui doit leur donner des moyens de subsistance.

D'autres syndicats sont encore allés plus en avant dans cette voie ; ils ont fondé de véritables écoles professionnelles. Chaque année ont lieu des distributions de prix et de récompenses pour ceux qui ont suivi les cours et les écoles fondés par les associations professionnelles. Des médailles, livres, objets divers et même des livrets de caisse d'épargne sont délivrés aux plus méritants.

Au 1er janvier 1899, parmi les œuvres se rapportant à l'*enseignement professionnel*, on comptait :

	SYNDICATS FONDATEURS :		
	pat.	ouvr.	mixtes
Bibliothèques	95	444	16
Cours professionnels et conférences / Écoles professionnelles	57	199	15
Concours professionnels	16	6	1
Patronages d'appprentis et cours d'apprentissage			

Ce n'est pas tout d'instruire l'ouvrier, de lui apprendre son métier, il faut encore le mettre au courant des nouvelles inventions, des procédés perfectionnés, de tout ce qui l'intéresse ; il faut lui fournir les renseignements dont il a besoin, tant au point de vue professionnel qu'au point de vue de la défense de ses droits.

Beaucoup d'institutions ont été fondées à cet effet par les syndicats :

	SYNDICATS FONDATEURS :		
	pat.	ouvr.	mixtes
Publications diverses (bulletins, journaux, annuaires)	144	44	13
Laboratoire d'analyses ou d'expertises	27		
Offices de renseignements commerciaux			
Services du contentieux			

A ces œuvres qui se rapportent surtout à l'intelligence et à l'esprit, s'ajoutent des institutions concernant la position matérielle de l'ouvrier, qui lui permettront de vivre tranquillement pour les jours où il n'aura plus de travail soit à cause du chômage, soit par suite de ses infirmités ou de sa vieillesse.

Voici au 1er janvier 1899 le tableau de quelques-unes de ces œuvres de prévoyance :

	SYNDICATS FONDATEURS :		
	pat.	ouvr.	mixtes
Bureaux de placement	125	429	22
Sociétés ou caisses de secours mutuels. Caisses de prévoyance ou d'épargne	95	5[illegible]6	59
Caisse de chômage	1	193	4
Caisse de retraite ; de la vieillesse	9	32	7
Secours de route	7	197	1
Sociétés ou caisses d'assurances mutuelles contre les accidents du travail	11	1	
Caisses d'assurances contre l'incendie	3		
Orphelinats			
Services médicaux			
Ateliers syndicaux			
Secours en nature. Dons d'effets aux enfants nécessiteux			

Nous signalerons enfin les fondations utiles créées par les syndicats en vue de procurer le crédit à leurs membres ou de leur faciliter l'achat ou la vente des marchandises en commun :

Il existe actuellement :

	SYNDICATS FONDATEURS : pat.	ouv.	mixtes
Sociétés coopératives de consommation ou d'approvisionnement. Economats.	5	36	9
Sociétés coopératives de production (boulangeries, laiteries coopératives).	1	14	
Sociétés de crédit ou de prêt mutuel.			

En résumé, au 1er janvier 1899, le total de ces différentes institutions et créations dues à l'initiative des syndicats professionnels s'élevait à 3604.

Comme on peut en juger par cette rapide statistique, les progrès de l'association professionnelle ont été considérables en France depuis la loi de 1884, surtout dans ces dernières années. Un point surtout doit être mis en relief, c'est le développement considérable des syndicats agricoles. L'effet le plus remarquable de la loi, la conséquence la moins prévue par le législateur a été sans contredit l'heureuse influence de la législation nouvelle au point de vue de l'agriculture nationale.

Le mouvement le plus marqué effectivement s'est produit chez les agriculteurs à qui, à vrai dire, le législateur n'avait pas songé tout d'abord. Nous avons vu, en effet, que c'est grâce à un amendement présenté par M. Oudet, à la dernière heure que le mot « agricole » fut ajouté à l'art. 3 et il ne semble pas qu'on y attachât la moindre importance. Ce fut cependant cette catégorie de travailleurs, qui, n'ayant pas eu, sous le régime de la tolérance, des syndicats de fait comme les ouvriers industriels, se hâta le plus de profiter des faveurs de la nouvelle loi. De suite, quelques hommes intelligents comprirent tous les services que pouvait rendre l'association à notre agriculture si éprouvée et beaucoup de cultivateurs répondirent à leur appel.

A l'instar des syndicats industriels, les syndicats agricoles élèvent la voix auprès des pouvoirs publics pour demander diverses modifications législatives, surtout dans le régime économique (à propos des tarifs douaniers, par exemple). Comme eux, ils étudient les intérêts de l'agriculture à l'aide de nombreuses institutions et luttent avec énergie contre la concurrence étrangère. Ils provoquent l'amélioration des cultures en favorisant le choix des semences et des engrais suivant la nature du sol, en établissant des champs d'expériences où chacun peut constater les résultats obtenus ; ils recommandent l'introduction des machines et instruments agricoles et s'occupent aussi de l'amélioration des diverses races d'animaux. Mais le rôle, sans contredit, le plus important des syndicats consiste dans les achats des matières premières utiles à l'agriculture et dans la vente des produits agricoles. Tantôt pour ces opérations les syndicats interviennent eux-mêmes comme mandataire gratuits de leurs adhérents, tantôt (et le cas est beaucoup plus rare) ils organisent dans leur patronage des sociétés coopératives de consommation et de production.

Les syndicats agricoles, grâce à cette puissante organisation, ont obtenu des résultats vraiment remarquables et rendu aux agriculteurs de notables services, surtout en ce qui concerne les achats d'engrais.

Voici à titre d'indication le tableau des diverses créations dues à l'initiative de ces syndicats :

Sociétés de secours mutuels et de prévoyance	45
Caisses de crédit mutuel agricole.	42
Caisses d'assurances contre la mortalité des bestiaux. .	53
Sociétés d'assurances contre la grêle ou l'incendie. . .	3
Sociétés coopératives de consommation, économats . .	12
Sociétés coopératives de production.	3
Cours, écoles et conférences professionneles	80
Bibliothèques professionnels.	70
Offices de placement	25
Laboratoire d'analyses	23
Champs d'expériences. . . . . Pépinières.	97
Publications diverses.	105
Concours professionnels et expositions.	20

Les résultats de la création des syndicats agricoles ont été tellement appréciables que ces derniers ont compris de suite tout le parti qu'ils pouvaient tirer de la faculté que leur accordait l'art. 5 de se grouper en unions. Aussi dès 1886, la Société des Agriculteurs de France appliquant le principe « l'Union fait la force » proposait-elle de créer en vue d'une action commune un groupement de toutes les forces rurales syndiquées sous le nom d'*Union des syndicats des Agriculteurs de France.*

Cette Union a pour objet « l'étude et la défense des intérêts économiques agricoles », mais comme son action est limitée par suite de l'absence de la personnalité civile, elle a établi auprès d'elle un *Syndicat Central* qui accomplit les actes qui lui sont interdits. L'Union éclaire les syndicats et les renseigne et le Syndicat Central qui jouit de la personnalité civile, mais est privé du droit de centraliser l'action des autres syndicats, exécute les ordres de l'Union. L'Union commande et le syndicat agit dans l'intérêt commun.

Cette combinaison très ingénieuse, comme le fait remarquer M. Pochon (1), côtoie la loi sans la violer. Il y aura ainsi deux associations composées des mêmes personnes, siégeant dans le même local, usant d'un seul organe de publicité, mais qui seront en règle si elles ont une administration et un patrimoine séparés.

L'importance de ces deux rouages est considérable : le Syndicat Central compte personnellement une dizaine de mille d'adhérents individuels. Quant à l'Union, elle comprend plus de 700 syndicats qui représentent les intérêts de 5 à 600,000 cultivateurs (2). L'une et l'autre de ces institutions sont fort prospères, mais cette prospérité est due surtout au Syndicat Central, auquel ont constamment recours les agriculteurs syndiqués.

C'est qu'en effet le Syndicat Central traite au dé-

---

(1) Pochon, *Les syndicats agricoles*, . p. 197

(2) *L'Economiste français*, 3 juin 1899.

tail et les avantages qu'il offre à ses adhérents sont de nature à les attirer singulièrement par le simple intérêt personnel. Il a établi à Paris un office de renseignements et d'entremise qui se charge sans responsabilité de favoriser la vente des produits agricoles et de centraliser les demandes d'achats de machines, engrais, semences, etc., émanant soit des membres du Syndicat Central, soit des syndicats ou associations agricoles qui useront de son entremise, de manière à les faire profiter des remises obtenues des fournisseurs, en raison de l'importance des commandes. De plus, il propage les notions professionnelles et les doctrines économiques les plus favorables au développement de l'agriculture nationale par des cours, conférences et par la distribution de circulaires, brochures et feuilles périodiques.

Tel qu'il fonctionne actuellement le Syndicat Central rend donc d'immenses services. Au point de vue de la question des engrais chimiques notamment, phosphates, potasses, etc., qui jouent maintenant un si grand rôle dans la culture, c'est lui qui a vulgarisé ces connaissances autrefois si étrangères au paysan. C'est lui qui a fait pénétrer jusque dans les campagnes les plus arriérées l'habitude de les substituer aux engrais naturels, en faisant baisser les prix autrefois trop élevés. « Jusqu'au jour où les syndicats se sont mis à grouper les commandes de manière à obtenir des réductions importantes, ces méthodes étaient restées l'apanage des grands propriétaires ; maintenant on supprime les courtiers intermédiaires qui souvent abusaient de l'ignorance des paysans; les affaires se sont concentrées entre les unions, qui se sont trouvées du premier coup des clients hors pair, et les grandes maisons connues par leur honorabilité (1) ».

Les syndicats ne se sont pas contentés de la seule Union centrale des Agriculteurs de France; l'esprit décentralisateur, qui fait chaque jour de nouveaux progrès, a inspiré la création d'unions provinciales. Elles sont aujourd'hui au nombre de neuf et se partagent 61 départements; elles constituent des sortes d'intermédiaire entre les syndicats locaux et l'Union centrale.

Tous les syndicats agricoles sont donc dans une situation excellente et ils ont contribué pour beaucoup à l'organisation agricole actuelle. On peut même dire que le groupement agricole qui n'avait pas été prévu s'est trouvé le groupement social par excellence, parce que au lieu d'être en quelque sorte unilatéral et de devenir une arme de combat comme cela arrive malheureusement trop souvent dans les syndicats industriels, il a su réunir dans son sein les grands et petits propriétaires : agriculteurs, fermiers, métayers, paysans, ouvriers agricoles même qui tous ont des intérêts communs.

La loi du 21 mars 1884 a donc eu d'heureuses

(1) *Revue politique et parlementaire*, 1er juillet 1897. Le mouvement agraire en France (Mabilleau).

conséquences pour notre agriculture ; c'est dire qu'elle est venue à une heure opportune. Il serait à souhaiter que l'exemple donné par les agriculteurs soit suivi aussi par les autres branches de l'industrie nationale.

Il est malheureusement loin d'en être ainsi d'une catégorie de syndicats sur lesquels une école avait fondé tant d'espérances, qui jusqu'à ce jour ne se sont pas réalisées : nous voulons parler des syndicats mixtes de patrons et d'ouvriers (1). Certes nous reconnaissons que ces syndicats présentent de grands avantages ; là le patron et l'ouvrier se rencontrent l'un à côté de l'autre ; ils apprennent à se connaître, à s'aimer et par suite disparaît ou du moins diminue l'antagonisme qui existe entre le capital et le travail, entre le patron et l'ouvrier. Ainsi réunis en une seule assemblée, les intéressés pourront arriver plus facilement à la solution des questions qui leur sont communes. Mais que de difficultés se présentent lorsqu'on veut mettre un tel système en pratique. Il est souvent difficile de trouver des patrons et des ouvriers qui veulent s'unir dans une même association : car l'un est considéré comme l'ennemi né de l'autre. Qu'arrivera-t-il en outre lorsque le syndicat sera établi ? Les ouvriers seront toujours plus nombreux que les patrons, ces

(1) D'après l'*Annuaire de 1898-1899*, le chiffre de ces syndicats s'élève actuellement à 176, nombre déjà atteint en 1894 et à peu près stationnaire depuis cette époque.

derniers seront donc les plus faibles et à la merci des premiers. Pour arriver au but poursuivi par les syndicats mixtes, c'est-à-dire à la pacification sociale, il faudrait que patrons et ouvriers soient des hommes religieux ; que les patrons soient comme les pères des ouvriers et que ceux-ci montrent la plus grande déférence et le plus grand respect envers leurs patrons ; mais malheureusement, ainsi que le constate M. Hubert Valleroux : « nos ouvriers et nos patrons sont fort éloignés de cet esprit que leur voudrait voir l'Œuvre des Cercles. »

CHAPITRE II

AVANTAGES ET INCONVÉNIENTS DE LA LOI DE 1884

Si l'association professionnelle, ainsi que nous venons de le constater, a fait des progrès considérables en France depuis 1884, elle le doit aux avantages nombreux que lui a conférés la loi du 21 mars et au caractère vraiment libéral de ses dispositions en égard à la législation antérieure.

§ I. — *Avantages.*

Nous n'avons pas l'intention d'énumérer ici tous ces avantages ; nous avons déjà eu l'occasion d'en mentionner quelques-uns dans le courant de cette étude. Qu'il nous suffise de rappeler que la loi de 1884 est venue prouver une fois encore l'aphorisme populaire : l'union fait la force. L'ouvrier isolé ne peut rien : livré à ses seules ressources, il est incapable de discuter les conditions de son travail. Mais, s'il parvient à rallier quelques-uns de ses camarades à la thèse de ses revendications, alors de suite il devient quelque chose, et, ceux qui la veille ne l'écoutaient pas, demain commenceront à le craindre.

C'est ainsi que la réglementation des heures de travail, la fixation du taux des salaires et beaucoup d'autres questions irritantes on fait l'objet de compromis entre ouvriers et patrons.

Ceux-ci du reste n'ont pas moins à attendre de la liberté d'association. Réunis, ils pourront s'entendre pour se mettre en garde au point de vue du commerce et de l'industrie contre la concurrence extérieure. M. Aynard, dans un discours à la Chambre (1) sur les bienfaits de la loi de 1884 à l'égard des patrons, en a donné un exemple saisissant. L'industrie des jouets de Paris avait été presqu'entièrement ruinée par la concurrence allemande. La chambre syndicale s'en émut, elle transforma complètement cette industrie, qui depuis a tellement progressé qu'elle n'a pas tardé a supplanter complètement l'industrie allemande et à reprendre son ancienne suprématie.

Les patrons pourront encore avoir à lutter contre ceux d'entre eux qui pratiqueront à leur égard une concurrenre déloyale. Un commerçant

(1) *J. off.*, 13 Mai 189 .

isolé hésitera souvent à engager un procès couteux contre un puissant adversaire. Pour réussir il devra intéresser ses confrères à sa cause qu'il rendra bien meilleure. De nombreux procès de concurrence déloyale sont ainsi venus devant les tribunaux. Nous citerons notamment les condamnations pour exercice illégal de la pharmacie, pour contrefaçons de marques.

Les syndicats de patrons pourront aussi avoir à lutter contre le Trésor, dont les exigences fiscales sont bien connues ; contre l'administration, pour un arrêté qui peut léser gravement les intérêts des syndiqués ; contre les compagnies de transport au sujet de l'application de tarifs trop élevés.

La loi de 1884 autorise aussi les syndicats à se mettre en relation avec les membres du Parlement, auquel ils adresseront avant le vote de la disposition législative qui les intéresse des rapports et des mémoires, des pétitions qui éclaireront les membres du Parlement et leur feront connaître leurs désirs et leurs vœux. Souvent même ce sera le Gouvernement qui prendra leur avis : c'est ce qui s'est produit lors de la discussion des tarifs douaniers, au sujet desquels des observations très sérieuses de la part de nombreux syndicats furent présentées à la Commission, qui s'empressa de modifier le tarif primitif dans le sens indiqué.

Les réclamations collectives sont d'un grand poids devant les représentants du pays, tandis que la voix de quelques industriels isolés ne serait guère écoutée.

Nous avons dit que les syndicats devaient aussi leur succès aux dispositions absolument libérales de la loi de 1884. Le Parlement a compris que cette loi pour être durable, pour produire tous les effets qu'on attendait d'elle, devait être avant tout une loi de liberté et une loi d'égalité : ce sont là en effet les deux caractères essentiels qu'elle reflète.

Elle a été une loi de liberté puisqu'elle a rendu à tous, patrons et ouvriers, cette liberté d'association depuis si longtemps réclamée par les faits et dont les uns et les autres avaient si grand besoin. Elle a été à un autre point de vue encore une loi de liberté en ce sens que tout en permettant à des associations de se développer, « elle a cherché à sauvegarder le droit de l'individu, à le maintenir intact en face du droit d'association » (1). Après avoir posé le principe que les syndicats sont des associations ouvertes où l'individu peut entrer s'il le veut, mais sans y être aucunement forcé, le législateur de 1884 lui a donné la faculté d'en sortir (art. 7) au moment qui lui convient sans que l'on puisse l'y retenir. A vrai dire, c'est là surtout ce qui distingue nettement les syndicats professionnels de nos anciennes corporations qui étaient fermées et obligatoires.

La loi de 1884 a été aussi une loi d'égalité. Sous ce régime, tous les syndicats sont considérés

(1) Gonnard, *Loi sur les syndicats professionnels*, p. 14.

comme jouissant d'une parfaite égalité, qu'ils soient patronaux, ouvriers ou mixtes. Elle a cherché à placer les ouvriers dans une situation telle que le travail et le capital pussent traiter d'égal à égal, sans que l'un pût opprimer l'autre. Pour en arriver là, le législateur de 1884 a repoussé avec raison deux conceptions qui portaient atteinte au principe de la liberté individuelle. L'une, la conception socialiste semait l'inégalité entre les syndicats eux-mêmes en accordant une certaine prééminence aux syndicats ouvriers ; l'autre, la conception corporative, celle des socialistes chrétiens, faisait entrer l'inégalité au sein du syndicat, pris isolément, en préconisant la création d'associations mixtes, formées par l'union de deux éléments, patronal et ouvrier, mais avec la prépondérance et une certaine tutelle accordée au premier sur le second. Ces deux systèmes n'auraient pas manqué d'amener de fatals conflits et il faut savoir gré aux Chambres de 1884 de l'esprit critique qu'elles ont montré en les écartant.

La loi de 1884 présente enfin un troisième caractère qui a contribué à développer beaucoup l'esprit d'association. Nous voulons parler du caractère de faveur qu'elle affecte vis-à-vis de l'institution des syndicats. Le législateur a en effet nettement manifesté, par toutes les dispositions de la loi, qu'il entendait faciliter cette création autant que possible, et adopter toutes les mesures propres à faire prospérer l'institution des syndicats. C'est d'ailleurs ce qu'énonçait explicitement la circulaire de M. Waldeck-Rousseau. D'après elle le but de la loi a été de permettre aux syndicats « de porter au plus haut degré la puissance de leur bienfaisante activité ». Pour y arriver, il importait d'éviter autant que possible toute ingérence inutile de l'administration, qui ne pouvait que porter ombrage à l'esprit défiant des ouvriers ; et cependant, il fallait avec tact et mesure, seconder les efforts faits en vue de la création des associations.

Cet esprit de faveur qui animait le législateur à l'égard des associations professionnelles se traduit tout d'abord par l'extrême simplicité des conditions de forme exigées pour leur constitution. Nous avons vu en effet que la loi en exigeant seulement le dépôt des statuts s'était montrée aussi peu formaliste que possible, car c'était là un minimum de garanties indispensable.

Nous avons montré aussi la largeur et la facilité avec laquelle elle ouvre les associations professionnelles à tous ceux qui exercent la même profession ou des métiers similaires.

Quant à ceux qui sont chargés de l'administration du syndicat, la loi ne s'est pas montrée non plus bien exigeante en ne réclamant d'eux que la qualité de Français et la jouissance des droits civils.

Mais, c'est surtout dans l'octroi qui est fait aux syndicats de la personnalité morale que la bienveillance du législateur s'est manifestée dans tout son éclat. Nous savons, en effet, que le syndicat constitue une personne morale et cela de plein droit du seul fait de leur constitution régulière. C'est là une faveur toute particulière; dans plusieurs Etats, la personnalité civile n'est pas accordée aux syndicats, en Belgique et en Hollande notamment. C'est précisément ce qui justifie ce passage de la circulaire ministérielle, aux termes duquel il est dit « que les pouvoirs publics en aucun temps, en aucun pays n'ont donné une plus grande preuve de confiance et de sympathie aux travailleurs ».

§ II. — *Inconvénients.*

Tels sont les principaux avantages que l'association professionnelle a su retirer des dispositions libérales de la loi du 21 mars 1884. Mais toute médaille a son revers et nous n'avons pas la prétention de soutenir que cette loi soit parfaite. A côté des services qu'elle a rendus il y a aussi le mal qu'elle a pu faire. A cet égard, on lui a adressé bien des reproches, bien des critiques. C'est à nous maintenant de les examiner et de voir jusqu'à quel point les uns et les autres sont fondés.

Aussitôt votée, la loi de 1884 a trouvé des détracteurs. Les socialistes révolutionnaires se posent de suite en adversaires résolus de cette loi de liberté, qu'ils considèrent comme une loi de réaction, destinée à maintenir les associations ouvrières sous la tutelle de l'Etat et à empêcher les revendications ouvrières d'aboutir. Ils affectent de considérer la formalité du dépôt des statuts et des noms du personnel directeur comme une mésure de police. Ils n'ont pas pour cette loi d'épithètes assez désobligeantes, ils ne l'appellent que « la loi maudite, la loi infâme » parce qu'elle est « une chaîne de plus ajoutée à toutes celles qui entravent le libre exercice du droit imprescriptible de réunion et d'association » (1).

Nous ne nous arrêterons pas à réfuter les accusations formulées par les congrès socialistes contre le législateur de 1884. Nous croyons qu'il faut être d'une mauvaise foi évidente pour protester contre une loi si peu formaliste, si peu gênante, qui n'exige pas la moindre autorisation préalable et affranchit les syndicats de toute tutelle. Le minimum de publicité qu'elle exige ne peut irriter que les syndicats anarchistes ou révolutionnaires; c'est au contraire une garantie pour les ouvriers sérieux.

Alors que les chefs du parti socialiste n'ont pas assez d'anathèmes pour cette loi qui menace de faire échouer leur plan révolutionnaire, une autre classe d'adversaires, les économistes libéraux redoutent au contraire qu'elle devienne une arme aux mains des agitateurs populaires. Cette loi permet, disent-ils, sous le nom de syndicats professionnels la formation d'associations illicites. Or, ces syndicats n'ont de professionnel que le nom; le plus souvent ce sont des associations de socialistes ou d'anarchistes dont l'unique but est le bouleversement social. Les déclarations faites dans ces nombreux congrès ne laissent du reste

(1) *Compte-rendu du Congrès de Lyon* 1886, p. 72.

aucun doute à cet égard. « Pour nous, disait l'un de ces orateurs au congrès de Marseille en 1889, les syndicats réunissant toute la corporation et fédérés ensuite entre eux sont les plus puissants leviers dont doit faire usage le parti ouvrier pour renverser les classes privilégiées et atteindre par là leur émancipation. » « Des sociétés animées de ces dispositions, dit aussi M. Hubert-Valleroux (1), qui ont un tel passé et souvent paraissent si menaçantes pour l'avenir, sont un véritable danger public. »

Il y a dans ces constatations une certaine part de vérité. On ne peut nier qu'il existe beaucoup d'associations illicites poursuivant un but tout autre que celui prévu par la loi de 1884. Il est bien vrai aussi que ces associations politiques ou religieuses peuvent devenir dangereuses, si on ne met pas obstacle à leur propagande. Mais, nous avons vu que la loi avait donné au parquet le moyen de les atteindre; l'art. 9 autorise le ministère public à requérir contre elles la dissolution. Si donc les pouvoirs publics ne se laissent pas intimider par les déclarations bruyantes des syndicats illicites, les syndicats ouvriers ne sauraient présenter des dangers bien sérieux. Le mal réel que l'on signale ne vient donc pas de la loi qui est bonne, mais de son application parfois défectueuse.

On a dit aussi que ces syndicats socialistes, qui existent malheureusement en trop grand nombre, envoyaient partout des meneurs dans les réunions

(1) Hubert-Valleroux, *op. cit.*, p. 395.

ouvrières, afin d'entraîner les ouvriers honnêtes à la grève et de les pousser à adresser à leurs patrons d'injustes réclamations. Le « Bulletin Officiel de la Fédération » et le journal « le Prolétaire » ont ouvert dans ce but des « souscriptions permanentes en faveur des grévistes présents et futurs, victimes de la féodalité capitaliste. »

Ne remarque-t-on pas en effet que depuis quelque temps ces grèves ont été plus fréquentes que jamais : le seul but des ouvriers était, la plupart du temps, de lutter contre le patron, et ces séditions ont dégénéré parfois en violents tumultes, qui compromettaient la tranquillité publique et que la police avait bien de la peine à réprimer.

Nous n'avons pas à nous prononcer sur l'utilité et la légitimité des grèves. Toutefois, l'action des syndicats sur les grèves est assez importante pour mériter quelques observations. Il est malheureusement vrai que la question des grèves est souvent envisagée par certains groupes d'une façon inquiétante pour les pouvoirs publics. Les congrès ouvriers notamment ne se lassent pas de répéter que la grève est impuissante à faire sortir le prolétariat de l'état d'infériorité où le plonge la société capitaliste et que, par conséquent elle ne doit être considérée que comme un excellent moyen de propagande socialiste(1). Ces doctrines ont trouvé une formule dans les congrès dits nationaux de la

(1) Le congrès socialiste qui vient de se tenir à Paris nous en fournit encore un exemple.

Fédération du parti des travailleurs socialistes de France, qui, en conformité de ces programmes, a fondé une caisse du denier des grèves. Ce sont encore des membres de la même fédération des groupes collectivistes et révolutionnaires qui composent les réunions anarchistes et tumultueuses dont nous trouvons malheureusement trop souvent l'écho dans les journaux de la capitale.

Il est inutile de s'appesantir sur un pareil programme ou de chercher à le combattre. Nous nous hâtons du reste d'ajouter que telle n'est pas la manière de voir des syndicats professionnels proprement dits. Loin de considérer les grèves comme une arme de propagande révolutionnaire, ils les regardent comme un moyen excellent de faire triompher leurs justes revendications.

Puisqu'on a soutenu avec quelque apparence de raison que les grèves sont inséparablement associées à notre système économique, le syndicat n'est-il pas un moyen tout indiqué pour essayer de combattre et de conjurer cette fatalité dans la mesure du possible ou du moins d'en restreindre les effets souvent désastreux ?

Le syndicat est utile, est nécessaire d'abord en ce que l'ouvrier a incontestablement le droit de débattre la question du salaire qui est pour lui la question vitale. Or, nous l'avons maintes fois déjà remarqué, n'est-il pas certain qu'un débat isolé est parfaitement inefficace et que l'action collective seule peut produire quelque effet ? De même que le salarié ne peut faire utilement ses conditions à l'entrepreneur, s'il est seul, de même il lui est impossible le plus souvent d'aller ailleurs, car les conditions du travail sont sensiblement les mêmes partout et les places partout occupées ; de même encore il ne peut commodément changer de métier. Il faut donc lui permettre de déserter l'atelier, s'il trouve que son travail n'est plus suffisamment rémunéré ; il faut aller plus loin et lui laisser la faculté de préparer la grève, de mettre de côté le sou qui se transformera à la longue en argent et en or.

Bref, les grèves peuvent être nécessaires, mais pour réussir, elles doivent être organisées. C'est le but que se proposent le plus souvent les syndicats professionnels. Leur tâche est souvent difficile. Pour faire triompher les revendications des grèves qu'ils patronnent et conduire à bonne fin la question des intérêts dont ils se sont chargés, il faut tout d'abord que ces syndicats ouvriers soient reconnus des patrons et chefs d'industrie avec lesquels ils sont appelés à traiter. C'est la première condition pour arriver à une entente. Or, souvent les patrons se refusent absolument à traiter avec les mandataires de ces syndicats ouvriers.

C'est là un fait fréquent : une partie des travailleurs occupés dans une industrie organise un syndicat professionnel, conformément à la loi de 1884. S'il survient une difficulté entre le chef de l'industrie et certains ouvriers, le syndicat intervient pourvu que quelques-uns de ses membres soient en cause. Le patron prétend rester maître chez lui et se refuse à traiter avec ceux qu'il considère comme des intermédiaires sans qualité. Les ouvriers se solidarisent et se mettent en grève. Si l'employeur invoque les principes de la liberté du contrat de travail, ils répondent que ce contrat est par définition conventionnel et qu'en se coalisant ils usent d'une arme légale. Ils posent leurs conditions au capital et le plus souvent l'une d'elles est la reconnaissance officielle du syndicat intervenant pour aider la partie qui se dit la moins forte.

Nous n'avons pas à chercher bien loin un fait de ce genre. Qu'il nous suffise de rappeler la récente grève du Creusot, qui ces temps derniers, a si profondément ému le monde des travailleurs et le monde politique. Au mois de septembre dernier un conflit éclatait entre les ouvriers des établissements métallurgiques de M. Schneider et l'administration. Le désaccord portait principalement sur la reconnaissance officielle du syndicat ouvrier, réclamé par les grévistes (1). Ceux-ci finirent par accepter, ainsi que M. Schneider, l'arbitrage de M. Waldeck-Rousseau.

Le Président du Conseil, après avoir entendu les représentants des deux partis, a rendu sa sentence le 7 octobre. Elle règle la reconnaissance du syndicat professionnel, et décide que l'intermédiaire de celui-ci ne peut être

(1) C'est encore une des causes de la grève actuellement pendante de Châtenois (Vosges).

imposé (1). L'arbitre a décidé en outre que tous les ouvriers sans distinction devraient être repris et a donné satisfaction aux grévistes sur divers points de détail.

Cette solution a été acceptée loyalement de part et d'autre et le travail a repris immédiatement dans les ateliers.

Cette sentence a eu en France un grand retentissement dû plus encore à la personnalité dont elle émanait qu'à la gravité des intérêts mis en jeu et qu'elle conciliait. Pour nous cette façon de procéder doit être écartée parce qu'elle ouvre une porte à la politique dans un domaine où il serait dangereux de la laisser pénétrer ; aussi souhaitons-nous que cette pratique ne se continue pas dans l'avenir. Mais, au point de vue juridique, nous

---

(1) Sur ce point la sentence est rédigée en ces termes : « Sur la deuxième question : Reconnaissance du syndicat professionnel des ouvriers du Creusot. — Considérant que les syndicats régulièrement formés sont reconnus par la loi ; qu'il n'appartient aux tiers ni de les méconnaître, ni de les reconnaître ; — Qu'aux termes de l'article 3 de la loi de 1884, ils ont exclusivement pour objet l'étude et la défense des intérêts économiques, industriels, commerciaux et agricoles ; que la défense ou l'amélioration des salaires rentrent dans la catégorie des intérêts économiques ; qu'il appartient en conséquence aux syndicats d'organiser entre leurs membres toute action et toute entente qu'ils jugent utile pour conserver ou améliorer les salaires de la profession.

..... Considérant que, si les syndicats constituent un intermédiaire qui peut logiquement et utilement intervenir dans les difficultés qui s'élèvent entre patrons et ouvriers, nul ne peut être contraint d'accepter un intermédiaire ; ..... Décide : l'intermédiaire du syndicat auquel appartient l'une des parties peut être utilement employé, si toutes deux y consentent ; il ne peut être imposé. »

approuvons pleinement cette sentence qui, en mettant fin d'une façon heureuse à un conflit économique très grave, a eu le rare privilège de contenter tout le monde. Il est bien évident en effet que malgré tout le parti que les grévistes peuvent retirer du syndicat pris comme intermédiaire et les services qu'ils peuvent en attendre, ils ne sauraient songer à l'imposer au patron, pas plus que celui-ci ne pourrait exiger des ouvriers qu'ils portent leurs réclamations au syndicat dont il fait partie, sans porter atteinte au principe de la liberté du contrat de travail. Mais ce que l'on peut et doit désirer c'est que les revendications de l'une des parties soient assez modérées et assez justifiées pour pouvoir servir de base d'entente et être acceptées librement par le syndicat de l'autre.

Tout en étant limitée, l'action du syndicat professionnel sur les grèves peut donc s'exercer cependant d'une façon utile. Un autre champ s'ouvre du reste à son activité; celui de prévenir les grèves. On sait que les coalitions d'ouvriers sont souvent nuisibles aux coalisés, qui ne disposent pas toujours de ressources suffisantes pour soutenir la lutte et se voient réduits en ce cas, après une résistance plus ou moins longue, à reprendre le travail aux conditions anciennes sans avoir rien obtenu. Le devoir du syndicat dans ces grèves qui s'annoncent malheureuses est tout tracé. Il cherchera à les éviter en se pénétrant des principes économiques qui règlent le taux des salaires, en étudiant les conditions et les cours du marché, en modérant ses prétentions de telle sorte qu'elles ne puissent être l'objet d'un refus.

Nous n'insisterons pas davantage sur cette question si importante des grèves. En somme, si elles prennent, il est vrai, quelquefois comme prétexte des causes injustes, elles sont dans d'autres cas nécessaires à l'égard des patrons qui abusent de la faiblesse de l'ouvrier et le frustrent du prix de ses labeurs et parce qu'elles permettent aux travailleurs d'obtenir leurs justes revendications. Le nombre des grèves n'a pas, du reste augmenté d'une façon bien notable depuis la constitution des syndicats professionnels et ces dernières années il est resté à peu près stationnaire. En effet, d'après les chiffres fournis par le Bulletin de l'office du travail. 391 grèves ont été signalées en 1894, 405 en 1895, 476 en 1896 et 356 en 1897.

D'un autre côté les grèves n'ont pas revêtu un caractère plus menaçant. Au contraire « les ouvriers plus sûrs de pouvoir faire valoir leurs droits par des moyens légaux, sont désormais moins portés à user de la violence, seule arme de ceux que la loi ne protège pas assez. » (1)

Un reproche plus sérieux que l'on adresse aux syndicats, c'est d'être la cause d'une augmentation considérable des prix au détriment des

(1) Gonnard, *Loi sur les syndicats professionnels*, p. 32.

consommateurs. En effet, les syndicats permettent aux producteurs la formation de coalitions, d'ententes, qui ont pour but de régler, c'est-à-dire de limiter la production de telle ou telle catégorie de denrées et de faire ainsi la loi aux consommateurs, en supprimant l'action de la concurrence. C'est ce qui s'est produit récemment encore aux Etats-Unis où se sont formées de très puissantes coalitions sous le nom de « Trusts » dans le but de s'attribuer le monopole ou tout au moins la domination d'une industrie afin d'en fixer les prix à son gré. Ces associations arrivent ainsi à constituer en monopole privé toute une branche d'industrie. Parmi les plus célèbres nous citerons le Trust du pétrole, standard oil Trust, et le Trust du sucre, Sugar Trust. L'un et l'autre sont arrivés à réaliser des bénéfices considérables grâce à cette politique d'accaparement. Leur succès fut si grand qu'elle nécessita l'intervention des pouvoirs publics ; les Cours américaines se prononcèrent contre la légalité de ces associations et n'hésitèrent pas à les frapper d'un arrêt de dissolution. Néanmoins ces associations ont continué à subsister malgré leur dissolution officielle et ont pris de nouveau un tel développement qu'il y a lieu de se demander si, en limitant ainsi la concurrence, elles ne lésent pas les droits des consommateurs dans une forte proportion ?

Nous reconnaissons ce que peut avoir de bien-fondé cette objection, nous croyons, toutefois, qu'on en a exagéré la portée. Nous admettons que l'association professionnelle permet plus facilement aux producteurs de s'entendre en vue de hausser les prix et que de ce fait les consommateurs peuvent éprouver un préjudice sensible. Mais les producteurs associés ne conspirent pas toujours contre la bourse des consommateurs, cela ne s'est encore présenté que dans des cas fort rares et encore étaient-ils servis par un concours de circonstances exceptionnelles. C'est ainsi que M. Leroy-Beaulieu (1) explique le succès des Trusts américains. Pour lui la rareté de la matière première, la tendance de la concentration et surtout la complicité des chemins de fer, qui consentit à leur accorder pour leurs transports des tarifs de faveur moitié moindres que ceux appliqués aux autres compagnies, sont les causes exceptionnelles qui ont favorisé la constitution des Trusts et maintenu leur prospérité. On peut ajouter aussi la perfection des méthodes industrielles, qui leur ont permis d'abaisser les prix de leurs produits tout en réalisant de très grands bénéfices.

Mais, dans la plupart des cas, ces conditions avantageuses ne se rencontrent pas et les effets de ces coalitions sont beaucoup moins préjudiciables et moins étendus qu'on ne le suppose. Il est très difficile, pour ne pas dire impossible, que tous les producteurs d'un même objet se réunissent

(1) L'*Economiste français*, n° du 22 avril 1899. — *Traité théorique et pratique d'économie politique*, t. IV, p. 46.

dans une seule association ; il y a toujours l'esprit d'indiscipline ou de trahison qui se glisse souvent dans une nombreuse réunion d'intéressés. Il faut compter de plus avec la résistance du consommateur qui restreindra ses approvisionnements, si les prix sont trop élevés, et aussi avec la fondation d'établissements nouveaux, qui ne manqueront pas de se créer, lorsque les gains dépasseront largement la moyenne. On ne peut supprimer la concurrence qui est la grande régulatrice des marchés. A supposer donc qu'un pacte soit conclu en vue de constituer en monopole toute une branche de production, ce pacte ne saurait effrayer longtemps personne, étant donné l'impossibilité où se trouvent les adhérents d'en réclamer l'exécution intégrale.

L'histoire industrielle de ces dernières années le prouve : la constitution en 1887 du fameux syndicat des cuivres, qui, après une hausse formidable des prix, devait aboutir en 1889 à un effondrement complet, suffit à prouver que des tentatives de coalitions de ce genre n'ont pas de chance de réussir.

Nous ferons remarquer, du reste que la loi n'autorise pas toute espèce de coalitions : l'art. 419 du C. P. est toujours en vigueur et permet de réprimer les atteintes trop fortes de la fortune des consommateurs, lorsque la coalition affecte les caractères d'un véritable accaparement. ......

Tels sont les différents reproches que l'on peut adresser à la loi de 1884. Tout en les réduisant dans de justes limites, nous n'avons pas voulu soutenir que la loi de 1884 est parfaite. Loin de là : nous avons pu constater dans le courant de notre étude bien des lacunes et des obscurités. Sur quelques points la loi est mal faite et exige de nombreuses retouches, dont la pratique a fait ressortir l'urgence.

CHAPITRE III

PROJETS DE LOIS TENDANT A MODIFIER LA LOI DE 1884

Bien des réformes ont été proposées pour remédier aux imperfections de la loi de 1884. De nombreuses propositions tendant à la modifier ont été déposées sur le bureau des Chambres, soit par le Gouvernement, soit par les représentants des groupes politiques les plus opposés. Nous ne mentionnerons ici que celles dont l'adoption paraît devoir être préconisée.

Selon les idées directrices qui les inspirent, ces propositions peuvent se diviser en deux catégories : les unes voulant accroître la liberté syndicale, soit en ce qui concerne l'adhésion des participants, soit en ce qui touche l'acquisition des biens et particulièrement des immeubles. Les autres ont principalement en vue de sanctionner les dispositions de la loi de 1884 qu'elles trouvent insuffisamment garanties.

Section I

Propositions de lois tendant à étendre la liberté syndicale.

a) *Au point de vue de l'adhésion des participants.* — Deux députés se sont surtout occupés de ce point de vue dans leurs propositions de loi, datant, l'une, celle de *M. Sembat*, du 20 janvier 1894, l'autre, celle de *M. Groussier*, du 28 mai de la même année.

La proposition *Sembat*, discutée par la Chambre, en première délibération, dans ses séances des 12, 14 et 18 juin 1894, donna alors lieu à l'adoption de l'amendement suivant : « Pourront continuer à faire partie d'un syndicat professionnel, les personnes qui auront abandonné l'exercice de la profession, pourvu qu'elles n'exercent pas une autre profession. Seront seuls considérés comme ayant abandonné la profession, ceux qui, durant trois années, n'auront plus exercé cette profession.

Toutefois, ceux qui n'auront quitté la profession que pour des causes indépendantes de leur volonté pourront continuer à faire partie du syndicat.

Pourront entrer dans un syndicat professionnel, ceux qui, ayant exercé la profession pendant deux ans au moins, ne l'auront pas quitté depuis plus de dix ans. »

Enfin l'article 4 de la loi du 21 mars 1884 devait être complété par une disposition additionnelle aux termes de laquelle un tiers seulement des administrateurs pourra être pris parmi les membres du syndicat n'exerçant plus effectivement la profession. Ces administrateurs ne pourront d'ailleurs exercer en même temps la même fonction dans un autre syndicat.

Différentes raisons militent en faveur de cette proposition. D'abord, ainsi que le constatait M. Antonin Dubost, alors Ministre de la Justice, il n'y a que fort peu de syndicats qui ne soient en contravention sur ce point avec la loi de 1884. Il est presque impossible qu'il n'y ait pas, parmi les membres d'un syndicat, certains adhérents n'exerçant plus actuellement la profession. Et ces adhérents ont des motifs légitimes pour s'y maintenir. Les uns n'ont pas quitté la profession sans esprit de retour ; d'autres peuvent aider leurs camarades par l'expérience acquise ; d'autres ont un intérêt personnel au bon fonctionnement du syndicat (caisses de secours mutuels, par exemple). Enfin si le syndiqué est un patron, il peut avoir laissé sa fortune dans le commerce ou y avoir établi ses enfants (1). Toutes ces considérations nous semblent de nature à faire approuver la proposition Sembat.

La proposition *Groussier* (28 mai 1894) poursuivait un but analogue à celui de la précédente, mais elle comportait un plan de réformes plus étendu. Comme M. Sembat, M. Groussier voulait que les membres du syndicat, ayant exercé la profession,

(1) *Revue pratique de Droit industriel*, année 1894, p. 55.

puissent continuer à faire partie du syndicat. Il voulait de plus étendre le droit de se syndiquer :

1° Aux professions libérales ;

2° Aux personnes dépendant des administrations publiques.

Nous savons, en effet, que la jurisprudence, par un certain nombre d'arrêts, s'est toujours montrée opposée à l'extension de la loi de 1884 aux professions libérales.

Nous approuvons encore cette proposition mais avec une double restriction :

1° Elle ne saurait être étendue aux fonctionnaires ou du moins il faudrait leur interdire expressément la coalition en vue de grève, c'est-à-dire en vue de refuser leurs services, car il est certain que tous les syndicats sans exception d'après la loi de 1884 peuvent soutenir leurs intérêts par la grève et l'art. 123, C. P., serait ainsi virtuellement abrogé.

2° Il importe encore de faire une exception pour les corporations fermées, comme celle des avocats ou des avoués, car quelle situation aurait une Chambre d'avoués ou un Conseil d'un barreau en présence de syndicats constitués parmi les membres de la profession ? Ceux-ci d'ailleurs ne pourraient se plaindre d'une telle restriction puisqu'ils forment des syndicats privilégiés.

Une troisième proposition, toujours au point de vue de l'extension de la liberté syndicale, est celle du 21 novembre 1895, déposée par *M. Basly*. D'après le vœu de M. Basly, les syndicats pourraient se constituer librement entre personnes de professions différentes.

Nous nous refusons à appuyer cette conception nouvelle de l'association syndicale : elle s'inspire évidemment d'une tendance révolutionnaire non équivoque et serait du reste contraire à l'article 3 puisqu'elle ne saurait avoir pour but le développement d'intérêts professionnels.

b) *Au point de vue de l'acquisition des biens.* — Beaucoup de propositions ont été déposées par les membres du Parlement, qui voient avec regret le patrimoine immobilier des syndicats réduit à la possession de quelques immeubles. Ils voudraient voir le droit d'acquérir les immeubles illimité comme cela a lieu pour les meubles. Parmi les propositions déposées en ce sens, nous en signalerons deux, l'une de *M. Dussaussoy*, l'autre de M. de Mun (1).

D'après la proposition *Dussaussoy* (2), les syndicats professionnels obtiendraient le droit d'acquérir et d'aliéner librement des immeubles sans aucune formalité spéciale en ce qui concerne les acquisitions et aliénations à titre onéreux. Pour les acquisitions à titre gratuit, l'autorisation préfectorale serait nécessaire. Cette autorisation, délivrée par le Préfet du département où le syndicat a son siège, devrait être motivée et accordée ou

(1) C'est aussi dans cette catégorie que doit être rangé le récent projet de loi de M. Waldeck-Rousseau.

(2) *J. off.*, 1895, Doc. parlem., Chambre, n° 1164.

refusée dans un délai de trois mois. Si, le délai écoulé, le Préfet n'avait pas fait connaître sa décision, l'immeuble resterait acquis au syndicat. Enfin ces biens seraient soumis à la taxe des biens de main-morte.

Nous reconnaissons que la possession d'immeubles pourrait avoir pour les syndicats certains avantages, notamment celui de fortifier leur responsabilité civile, qui est presque illusoire sous le régime actuel. Mais il n'est nullement nécessaire de leur octroyer un droit d'acquérir illimité, ainsi que le voudrait la proposition Dussaussoy. En Angleterre les « Trades Unions » ne peuvent posséder qu'un acre de terre et cependant elles sont prospères ; il peut en être de même en France pour les syndicats, malgré l'art. 6 de la loi de 1884. Tout ce que l'on peut raisonnablement demander à ce sujet, c'est un peu plus de largeur dans les dispositions de la loi de 1884.

La proposition de *M. de Mun* est moins radical et plus limitée. Elle a surtout pour but de favoriser les syndicats mixtes, les seuls qui, pour lui, puissent devenir un instrument de pacification au lieu d'être une arme de guerre sociale. Dans l'art. 2 de sa proposition M. de Mun demande que les syndicats mixtes puissent recevoir des dons et legs même immobiliers et acquérir tel immeuble qu'il leur conviendra pour la création de logements ouvriers, écoles professionnelles, asiles pour l'enfance et la vieillesse, maisons pour les blessés et les malades.

Selon nous, cette réforme doit être écartée ; elle aurait pour but de rompre le principe d'égalité posé par la loi de 1884 au profit des syndicats mixtes, qui peuvent peut-être servir à l'apaisement social, mais qui, jusqu'ici du reste, n'ont pas répondu aux belles espérances de ceux qui les ont préconisés (1).

Section II

Propositions ayant pour objet de sanctionner la loi de 1884.

L'insuffisance de cette loi au point de vue des sanctions est évidente, aussi la jurisprudence, par de nombreux arrêts, a-t-elle dû y suppléer au moyen de sanctions civiles. Mais ces dernières sont encore insuffisantes et plusieurs membres du Parlement ont voulu les renforcer par des pénalités correctionnelles. De nombreuses propositions ont été déposées en ce sens, mais toutes sont venues échouer devant la difficulté de rendre la sanction également bilatérale, c'est-à-dire ayant effet tant vis-à-vis du patron que vis-à-vis de l'ouvrier. On ne saurait en effet prononcer des pénalités différentes pour l'un et l'autre, sans faire œuvre de partialité. C'est cependant sur ce pied d'inégalité que furent présentées à la Chambre par certains membres du parti socialiste les

(1) Dans le même sens, proposition de M. Dansette : *J. offic.*, *1898*, doct. parl., n° 82, p. 1172.

propositions *Bovier-Lapierre, Lamendin* et *Jaurès* (1). Pour tous ces députés, il s'agit de rétablir entre le patronat et le salariat l'équilibre compromis par la loi de 1884 et dans ce but ils frappent les patrons, convaincus d'avoir entravé son application « par menace de perte d'emploi ou de privation de travail, renvoi d'ouvriers ou d'employés à raison de leur qualité de syndiqués » de pénalités diverses qui pouvaient aller dans la proposition Basly (art. 2) jusqu'à trois ans de prison et 3,000 francs d'amende.

Ces diverses propositions furent repoussées avec raison. Il est en effet impossible d'admettre que les patrons puissent être punis de prison par le fait d'avoir violé la liberté d'association, alors que les syndicats pour le même fait seraient seulement l'objet de poursuites civiles. Nous ajouterons, ainsi que l'a fait remarquer fort justement M. de Mun, qu'il sera toujours facile à un patron, poursuivi par exemple pour avoir expulsé un ouvrier à raison de sa qualité de syndiqué, de ne pas donner comme motif le fait de son adhésion au syndicat ; il ne lui sera pas difficile d'en trouver d'autres. De plus, il y aurait à l'adoption de cette proposition un autre danger, c'est que, en cas de renvoi véritablement justifié d'un ouvrier maladroit ou irrégulier, celui-ci pourra toujours prétendre que le motif de son expulsion n'est pas celui qu'on a mis en avant, mais bien sa partici-

(1) *J. offic.*, Doc. parl., Chambre, n°s 1606-1616 et 1617.

pation au syndicat. Les tribunaux pourraient donc se trouver sur ce point aux prises avec de sérieuses difficultés d'appréciation.

Dans le même ordre d'idées nous signalerons encore un projet de loi déposé en 1894 par *M. Mesureur*, alors ministre du commerce, ayant pour but de réprimer toute atteinte à l'exercice des droits reconnus par la loi du 21 mars 1884. Ce projet, comportant un seul article, est ainsi conçu :

« Ceux qui sont convaincus d'avoir entravé ou tenté d'entraver le libre exercice des droits résultants de la loi du 21 mars 1884 sur les syndicats professionnels seront punis d'un emprisonnement de 6 jours à 1 mois et d'une amende de 26 à 200 fr. ou de l'une de ces deux peines seulement. Les dispositions de l'art. 463 du C. P. pourront être appliquées aux pénalités ci-dessus édictées. »

Nous approuvons ce projet qui a du reste été renvoyé à l'examen de la Commission du travail. Il présente, en effet, des avantages sérieux sur les propositions socialistes par la modération des peines qu'il édicte et par l'égalité de traitement qu'il établit à l'égard des ouvriers et des patrons. Il ne semble pas que son adoption puisse présenter de grands inconvénients, il y a tout lieu d'espérer, au contraire, qu'elle pourrait amener d'heureux résultats.

Toujours au point de vue sanctionnateur, mais poursuivant un objet différent, il convient de mentionner une autre catégorie de propositions qui ont pour but de faire respecter par les syndicats eux-mêmes les limites posées par la loi de 1884 à leur champ d'action.

A titre d'exemple nous citerons la proposition de *M. Barthe* (1), discutée au Sénat le 22 juin 1894. M. Barthe, dans le texte soumis au vote de cette Assemblée, édictait que tout syndicat professionnel serait dissous, lorsque dans une réunion de ses membres, ou dans un Congrès commun à lui et à d'autres syndicats, il aurait mis en discussion des questions religieuses, politiques, sociales, et, en général, étrangères aux intérêts de la profession, seul sujet légitime des préoccupations du syndicat. De plus, M. Barthe voulait que, en cas de grève d'un syndicat, et nonobstant toute stipulation contraire, chaque membre conservât le droit de refuser la participation à la grève, et d'en sortir, s'il y était tout d'abord entré.

La Commission chargée d'examiner cette proposition l'a rejetée et suivant nous avec raison. Les textes actuels sont suffisants pour écarter les dangers auxquels M. Barthe a voulu parer et ces textes il n'y a qu'à les appliquer. La dissolution, d'après la loi de 1884, peut être prononcée contre les syndicats par les tribunaux, lorsque ces syndicats contreviennent aux dispositions de l'art. 3, qui est relatif à la limitation de leurs attributions.

La proposition de M. Barthe aurait pour effet de rendre cette dissolution de facultative obligatoire ;

---

(1) *J. off.* 1894, Doc parl., Sénat. n° 956 ; — Dans le même sens, proposition de M. Basly *J. off.* 1898, Doc. parl., n° 180, p. 1346.

mais serait-ce réellement un progrès ? On peut se demander si cette innovation serait bien heureuse et s'il ne vaut pas mieux laisser aux tribunaux quelque latitude ?

En somme et pour résumer ce qui nous semble raisonnablement admissible dans les réformes que nous venons d'analyser, voici selon nous les *desiderata* que l'on peut formuler à l'égard de la législation actuelle des associations professionnelles. Une plus grande facilité donnée pour l'entrée dans les syndicats, et surtout pour le droit d'y rester, à ceux qui ont exercé la profession pendant un laps de temps raisonnable (cinq ans d'après M. Sembat, deux ans seulement d'après l'amendement adopté par la Chambre) — l'extension du droit de se syndiquer aux personnes exerçant les professions libérales — un peu plus de largeur dans les dispositions de la loi concernant l'acquisition des immeubles par les syndicats — des sanctions pénales venant fortifier les sanctions civiles de la jurisprudence, mais sous la double condition que ces pénalités soient bilatérales et non exagérées. Quant aux simplifications proposées aux conditions de forme ou à leur suppression, nous les repoussons parce que ces conditions constituent un minimum de publicité qu'il est impossible à l'Etat de ne pas exiger des associations professionnelles sans les convier toutes à se soustraire à la surveillance des représentants de l'autorité.

APPENDICE

I

Projet de loi portant modification à la loi du 21 mars 1884 sur les syndicats professionnels.

M. Waldeck-Rousseau, président du Conseil, vient, à la rentrée des Chambres, de déposer un projet de loi portant modification à la loi du 21 mars 1884 sur les syndicats professionnels.

Ce projet comporte deux parties distinctes. Dans la première, il tend à accorder aux syndicats la capacité civile et commerciale. Ils auraient le droit d'acquérir et de posséder, à titre onéreux ou à titre gratuit, tous les biens meubles et immeubles, à la condition de se conformer à certaines obligations spéciales. Ils auraient aussi le droit de faire des actes de commerce et par là de développer et de faire fructifier leurs ressources.

Le projet reconnaît aux syndicats, auquel la personnalité civile est accordée dans cette mesure, la propriété des cotisations ou des valeurs qui en représente l'emploi. Cette propriété ne réside pas sur la tête de chacun des syndicataires, mais sur celle du syndicat envisagé comme une personne morale distincte de celle de ses membres. En ce point, le projet de loi n'innove pas et il applique, en les précisant, les conséquences mêmes du principe posé en 1884.

Les Unions ont la personnalité civile, mais seulement dans la mesure où celle-ci est nécessaire à la défense de leurs intérêts économiques.

Par la seconde partie, le projet de loi tend à établir des sanctions en vue de faire respecter la loi de 1884, soit par les patrons, soit par les ouvriers.

Il consacre d'abord le droit de coalition, qui demeure légitime et ne peut donner lieu à aucune sanction quand il est exercé dans le but de maintenir ou de faire exécuter les conditions de travail adoptées par le syndicat et d'assurer la jouissance des droits reconnus aux citoyens par la loi.

En outre la limitation apportée au droit du patron de renvoyer un ouvrier en tant que syndiqué, a pour corollaire la restriction du droit de mise en interdit pour les syndicats, qui, sans pouvoir invoquer la défense des intérêts professionnels, se serviraient de cette mise en interdit, uniquement pour contraindre les tiers à entrer dans leur syndicat.

Voici au surplus le texte de ce projet (1) sur lequel le Parlement aura à statuer prochainement.

(1) *J. off.*, 10 décembre 1899, Doc. parlem., Chambre, p. 125.

ARTICLE UNIQUE

La loi du 21 mars 1884 sur les syndicats professionnels est modifiée, conformément aux dispositions suivantes :

Art. 3. — Les syndicats professionnels ont exclusivement pour objet :

1° L'étude et la défense des intérêts économiques, industriels, commerciaux et agricoles ;

2° Les opérations diverses qui, ne se rattachant pas directement à ce premier objet, sont néanmoins expressément autorisées par la présente loi.

Art. 5. — Les syndicats professionnels, régulièrement constitués, d'après les prescriptions de la présente loi, pourront librement se concerter pour l'étude et la défense de leurs interêts économiques, industriels, commerciaux et agricoles.

Les dispositions de l'article 4 sont applicables aux Unions de syndicats, qui devront, en outre, faire connaître les noms des syndicats qui les composent.

Ces Unions pourront ester en justice.

Elles pourront posséder les immeubles qui sont nécessaires à leurs bureaux, à leurs réunions et à leurs bibliothèques, cours d'instruction professionnelle, collections, laboratoires, champs d'expérience, abris pour bestiaux, machines ou instruments, bourses de travail, ateliers d'apprentissage, hospices et hôpitaux.

Elles pourront recevoir des dons et legs avec affectation à ces institutions.

Les statuts prévoiront la destination de ces biens en cas de dissolution de l'Union.

Art. 6 (variante). — Les syndicats professionnels jouissent de la personnalité civils. Ils ont le droit d'ester en justice et d'acquérir sans autorisation, à titre onéreux, des biens meubles et immeubles. Ils pourront faire des actes de commerce en se conformant aux dispositions ci-après.

Les syndicats de plus de sept membres qui, dans le but d'exploiter une entreprise commerciale, formeront une société à responsabilité limitée réglée par les lois du 24 juilet 1867 et du 1er août 1893, bénéficieront des exceptions suivantes aux dispositions desdites lois ;

Le syndicat, personne civile, pourra être propriétaire de la totalité des actions. Dans ce cas, des syndiqués auront le droit d'être administrateurs sans être individuellement porteurs de parts ou actionnaires, et l'assemblée générale sera formée de mandataires désignés par le syndicat, chaque mandataire possédant une voix, et tous étant considérés comme représentant chacun une part égale dans le capital social.

Si une société est formée par deux ou plusieurs syndicats, les statuts de cette société déterminent le nombre de madataires délégués par chacun des syndicats actionnaires, tout délégué ayant une voix.

Quelle que soit l'importance du capital social, il

pourra être divisé en actions ou coupures d'actions de 25 fr. La société ne pourra être définitivement constituée qu'après la souscription de la totalité du capital et le versement en espèces, par chaque syndicat actionnaire, du quart des actions ou coupures d'actions souscrites par lui, même lorsqu'elles n'excèdent pas 25 francs. Si la société est à capital variable, le versement du dixième suffit.

Les syndicats pourront, en se conformant aux autres dispositions de la loi, constituer entre leurs membres des caisses spéciales de secours mutuels et des retraites.

Ils pourront, etc. (comme les trois derniers alinéas de l'art. 6 ancien.)

Art. 7. (Variante.) — Tout membre d'un syndicat professionnel peut se retirer à tout instant de l'association, nonobstant toute clause contraire, mais sans préjudice du droit pour le syndicat de réclamer la cotisation de l'année courante, les cotisations versées restant la propriété du syndicat.

Les statuts règlent le mode de liquidation des droits appartenant dans l'actif commercial aux associés qui cessent de faire partie du syndicat, soit par décès, soit autrement.

Ils règlent également la destination des biens du syndicat en cas de dissolution.

(Le dernier alinéa identique au dernier alinéa de l'article 7 ancien).

Art. 8. — Lorsque les biens des unions de syndicats auront été acquis contrairement aux dispositions de l'art. 5, la nullité, etc., (la note comme à l'article 8 ancien).

Art. 9. — Les infractions aux dispositions des art. 2, 3, 4, 5 et 6 de la présente loi seront poursuivies contre les directeurs ou administrateurs du syndicat ou de l'union et puni d'une amende de 16 à 200 francs. Les tribunaux pourront, en outre, à la diligence du Procureur de la République, prononcer la dissolution du syndicat ou de l'union et la nullité des acquisitions d'immeubles faites en violation des dispositions de l'art. 5 (le 2e alinéa comme à l'article 9 ancien).

Art. 10. — L'entrave volontairement apportée à l'exercice des droits reconnus par la présente loi, par voie de refus d'embauchage ou de renvoi, la mise en interdit prononcée par le syndicat dans un but autre que d'assurer les conditions du travail fixées par lui et la jouissance des droits reconnus aux citoyens par les lois, constituent un délit civil et donnent lieu à l'action en réparation du préjudice causé. Cette action peut être exercée soit par la partie lésée, soit dans le cas prévu au paragraphe 1er par le syndicat.

Art. 11. — Sera puni des peines prévues par l'art. 414 du Code pénal quiconque, par l'un des moyens énumérés audit article, violences, voies de fait, menaces, manœuvres frauduleuses, aura obligé, ou tenté d'obliger une ou plusieurs personnes, soit de sortir d'un syndicat, soit d'en faire partie.

Art. 12. — La présente loi est applicable à l'Algérie

Elle est également applicable aux colonies de la Martinique, de la Guadeloupe et de la Réunion. Toutefois, les travailleurs étrangers et engagés sous le nom d'immigrants, ne pourront faire partie des syndicats.

II

Texte de la loi du 21 mars 1884 sur les syndicats professionnels

Le Sénat et la Chambre des députés ont adopté,

Le Président de la République promulgue la loi dont la teneur suit :

Art. 1er. — Sont abrogés la loi des 14-27 juin 1791 et l'article 416 du Code pénal.

Les article 291, 292, 293, 294 du Code pénal et la loi du 10 avril 1834 ne sont pas applicables aux syndicats professionnels.

Art. 2. — Les syndicats ou associations professionnelles, même de plus de vingt personnes, exerçant la même profession, des métiers similaires, ou des professions connexes concourant à l'établissement de produits déterminés, pourront se constituer librement, sans l'autorisation du Gouvernement.

Art. 3. — Les syndicats professionnels ont

exclusivement pour objet l'étude et la défense des intérêts économiques, industriels, commerciaux et agricoles.

Art. 4. — Les fondateurs de tout syndicat professionnel devront déposer les statuts et les noms de ceux qui, à un titre quelconque, seront chargés de l'administration ou de la direction.

Ce dépôt aura lieu à la mairie de la localité où le syndicat est établi, et, à Paris, à la Préfecture de la Seine.

Ce dépôt sera renouvelé à chaque changement de la direction ou des statuts.

Communication des statuts devra être donnée par le maire ou par le Préfet de la Seine au Procureur de la République.

Les membres de tout syndicat professionnel chargés de l'administration ou de la direction de ce syndicat devront être français et jouir de leurs droits civils.

Art. 5. — Les syndicats professionnels régulièrement constitués, d'après les prescriptions de la présente loi, pourront librement se concerter pour l'étude et la défense de leurs intérêts économiques, industriels, commerciaux et agricoles.

Ces Unions devront faire connaître, conformémément au deuxième paragraphe de l'article 4, les noms des syndicats qui les composent.

Elles ne pourront posséder aucun immeuble ni ester en justice.

Art. 6. — Les syndicats professionnels de

patrons ou d'ouvriers auront le droit d'ester en justice.

Ils pourront employer les sommes provenant des cotisations.

Toutefois, ils ne pourront acquérir d'autres immeubles que ceux qui seront nécessaires à leurs réunions, à leurs bibliothèques et à des cours d'instruction professionnelle.

Ils pourront, sans autorisation, mais en se conformant aux autres dispositions de la loi, constituer entre leurs membres des caisses spéciales de secours mutuels et de retraites.

Ils pourront librement créer et administrer des offices de renseignements pour les offres et demandes de travail.

Ils pourront être consultés sur tous les différends et toutes les questions se rattachant à leur spécialité.

Dans les affaires contentieuses, les avis du syndicat seront tenus à la disposition des parties qui pourront en prendre communication et copie.

Art. 7. — Tout membre d'un syndicat professionnel peut se retirer à tout instant de l'association, nonobstant toute clause contraire, mais sans préjudice du droit pour le syndicat de réclamer la cotisation de l'année courante.

Toute personne qui se retire d'un syndicat conserve le droit d'être membre des sociétés de secours mutuels et de pensions de retraite pour la vieillesse, à l'actif desquelles elle a contribué par des cotisations ou versements de fonds.

Art. 8. — Lorsque les biens auront été acquis contrairement aux dispositions de l'article 6, la nullité de l'acquisition ou de la libéralité pourra être demandée par le Procureur de la République ou par les intéressés. Dans le cas d'acquisition à titre onéreux, les immeubles seront vendus, et le prix en sera déposé à la caisse de l'association.

Dans le cas de libéralité, les biens feront retour aux disposants ou à leurs héritiers ou ayants-cause.

Art. 9. — Les infractions aux dispositions des articles 2, 3, 4, 5 et 6 de la présente loi seront poursuivies contre les directeurs ou administrateurs des syndicats et punies d'une amende de 16 à 200 francs.

Les Tribunaux pourront, en outre, à la diligence du Procureur de la République, prononcer la dissolution du syndicat et la nullité des acquisitions d'immeubles faites en violation des dispositions de l'article 6.

Au cas de fausse déclaration relative aux statuts et aux noms et qualités des administrateurs ou directeurs, l'amende pourra être portée à 500 francs.

Art. 10. — La présente loi est applicable à l'Algérie.

Elle est également applicable aux colonies de la Martinique, de la Guadeloupe et de la Réunion.

Toutefois les travailleurs étrangers et engagés sous le nom d'immigrants ne pourront faire partie des syndicats.

La présente loi, délibérée et adoptée par le Sénat et par la Chambre des députés, sera exécutée comme loi de l'Etat.

Fait à Paris, le 21 mars 1884.

JULES GRÉVY.

Par le Président de la République,

Le Ministre de l'Intérieur :

WALDECK-ROUSSEAU.

Vu :	Vu :
Le Doyen,	*Le Président de Thèse,*
E. LEDERLIN.	J. LIÉGEOIS.

VU ET PERMIS D'IMPRIMER :

Nancy, le 15 novembre 1899.

Le Recteur,

A. GASQUET.

BIBLIOGRAPHIE

Annuaire des syndicats professionnels, industriels, commerciaux et agricoles pour 1898-1899.

Blanc. — *Les corporations de métiers.*

Et. Boileau. — *Livre des métiers.*

Boullaire. — *Manuel des syndicats professionnels agricoles.*

Boullay. — *Code des syndicats professionnels.*

Caudio Jannet. — *Le socialisme d'Etat et la réforme sociale.*

Ducrocq. — *Droit administratif.*

Dufourmantelle. — *Législation ouvrière en France et à l'étranger.*

Gain. — *Les syndicats professionnels et la loi du 21 mars 1884.*

Giraud. — *Les syndicats professionnels agricoles, thèse 1895, Nantes.*

Gonnard. — *Caractères généraux de la loi de 1884.*

Hubert-Valleroux. — *Histoire des corporations d'arts et métiers. Les corporations d'arts et métiers et les syndicats professionnels en France et à l'étranger.*

Isambert. — *Recueil des anciennes lois françaises.*

Ledru et Worms. — *Commentaire de la loi sur les syndicats professionnels.*

Leroy-Beaulieu. — *Traité théorique et pratique d'économie politique.*

Levasseur. — *Histoire des classes ouvrières en France.*

L'ouvrier américain.

F. Passy. — *Discours* prononcé à la Chambre dans la séance du 16 juin 1883 : discussion du projet de loi, relatif à la création des syndicats professionnels.

Pic. — *Législation du travail industriel.*

Picot. — *Histoire des Etats généraux.*

Reynaud. — *Les syndicats professionnels*, leur rôle historique et économique.

Revon. — *Les syndicats professionnels*, thèse, Paris, 1891.

J. Simon. — *Le travail.*

M. Sauzet. — *De la nature de la personnalité civile des syndicats professionnels.* (Extraits de la *Revue critique*, de 1888.)

Sénart. — *Rapports à la société des agriculteurs de France.*

Vavasseur. — *Sociétés civiles et commerciales 1897.*

Veyan. — *La loi sur les syndicats professionnels.*

Waldeck-Rousseau. — *Circulaire* du Ministre de l'Intérieur aux préfets, relativement à l'application de la loi des syndicats professionnels, *J. Off.* du 28 août 1884.

PUBLICATIONS PÉRIODIQUES

Annales commerciales.

Bulletin de l'Office du travail.

Echo des Chambres syndicales.

L'Economiste français.

Gazette du Palais.

Journal Officiel.

Moniteur Officiel.

La Réforme sociale.

Recueil des lois et arrêts de Sirey.

Recueil périodique de jurisprudence de Dalloz.

Revue du droit industriel.

Revue politique et parlementaire.

Revue des Sociétés.

TABLE DES MATIÈRES

Pages

INTRODUCTION. 1

PREMIÈRE PARTIE. — Les Associations professionnelles dans notre ancienne France 5

Chapitre Ier. — Origine des corporations. 5

Chapitre II. — Les corporations du XIIIe au XVIe siècle 8

Chapitre III. — Les corporations depuis le XVIe siècle jusqu'à 1789 16

Chapitre IV. — Appréciation économique sur les corporations d'arts et métiers. 23

Chapitre V. — Les associations professionnelles en France de 1789 jusqu'à la loi de 1884 30

DEUXIÈME PARTIE. Etude de la loi du 21 mars 1884. 43

Titre Ier. *Constitution des syndicats professionnels.* 46

Chapitre Ier. — Abrogation et inapplicabilité aux syndicats professionnels des dispositions contraires à la loi actuelle. 46

Section Ire. Textes de lois complèment abrogés. 47

Section II. — Textes inapplicables aux syndicats professionnels. 53

Chapitre II. Composition des syndicats 58

Section Ire. — Conditions requises quant aux personnes. 58

Section II. — Conditions requises quant à l'objet des syndicats professionnels 72

Chapitre III. — Formalités nécessaires pour la constitution des syndicats professionnels. . . 76

Section Ire. — Règles communes à la constitution de tout syndicat. 76

Section II. — Règles spéciales aux administrateurs des syndicats 80

TITRE II. — *Fonctionnement des syndicats professionnels*. 85

Chapitre Ier — Leur capacité juridique 85

Chapitre II. — Droits des syndicats. 89

Section Ire. — Droits généraux des syndicats résultant de leur personnalité civile. 90

Section II.— Opérations pouvant être faites par les syndicats en dehors de leur personnalité civile. 105

Chapitre III. — Unions de syndicats. 116

Chapitre IV. — Sanctions de la loi de 1884. . . . 122

Section Ire. — Sanctions civiles. 123

Section II. — Sanctions pénales 128

Section III. — Conciliation de la loi de 1884 avec la législation pénale antérieure. 132

Chapitre V. — Application de la loi à l'Algérie et à certaines colonies 136

TITRE III. — *Dissolution des syndicats professionnels* . 139

Chapitre Ier. — Amoindrissement du syndicat. . . 139

Chapitre II. — Dissolution du syndicat. 145

TROISIÈME PARTIE.— LES SYNDICATS PROFESSIONNELS AU POINT DE VUE ÉCONOMIQUE. 151

Chapitre Ier. — Résultats obtenus. Développement remarquable des syndicats agricoles. 151

Chapitre II. — Avantages et inconvénients de la loi de 1884. 166

Chapitre III. — Projets de lois tendant à modifier la loi de 1884. 185

Section Ire. — Propositions de lois tendant à étendre la liberté syndicale. 186

Section II. — Propositions ayant pour objet de sanctionner la loi de 1884. 191

APPENDICE. 197

I. — Projet de loi portant modification à la loi du 21 mars 1884 sur les syndicats professionnels. 197

II. — Texte de la loi du 21 mars 1884 sur les syndicats professionnels 203

BIBLIOGRAPHIE. 209

IMPR. L. KREIS, 51, RUE ST-GEORGES - NANCY

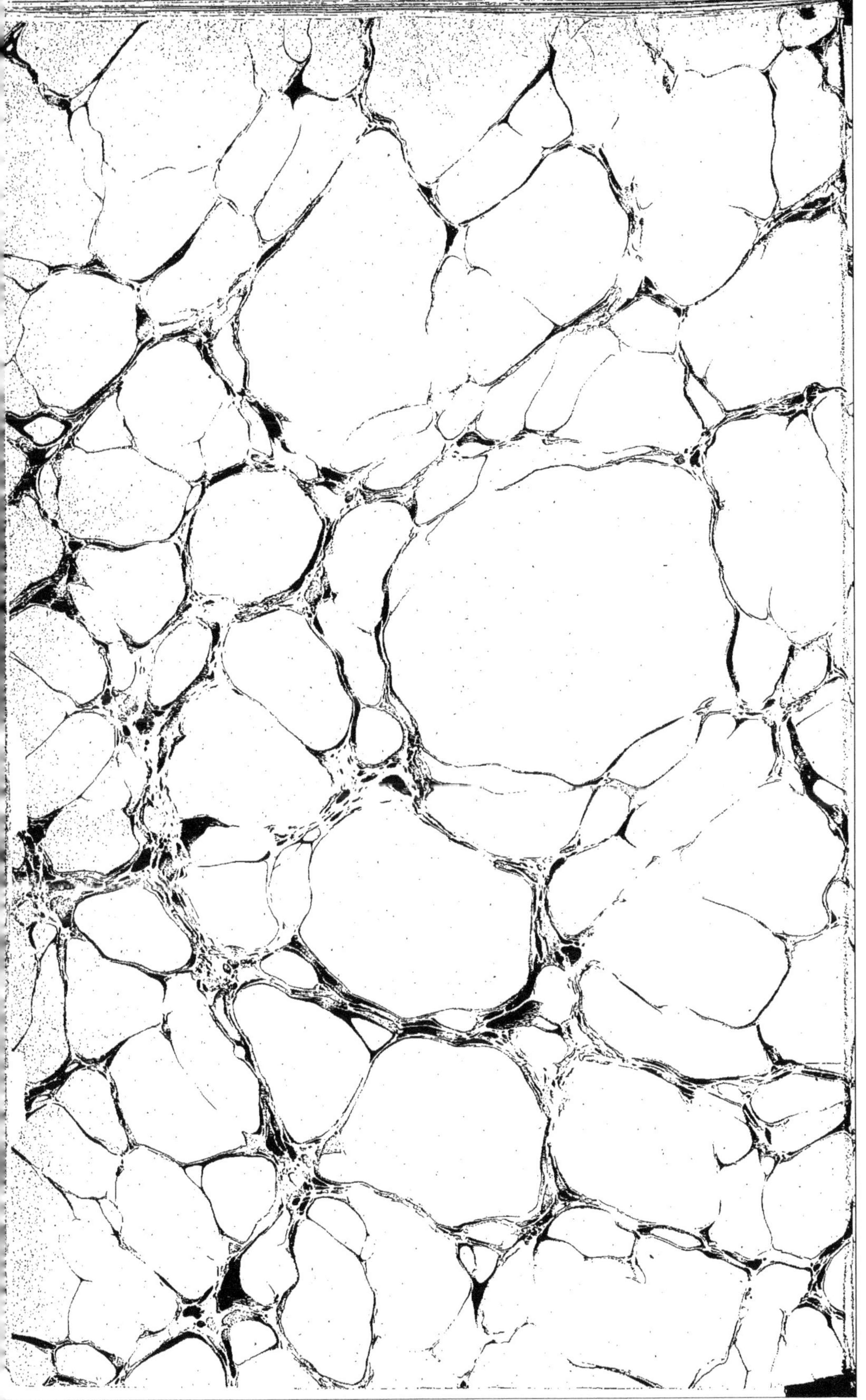

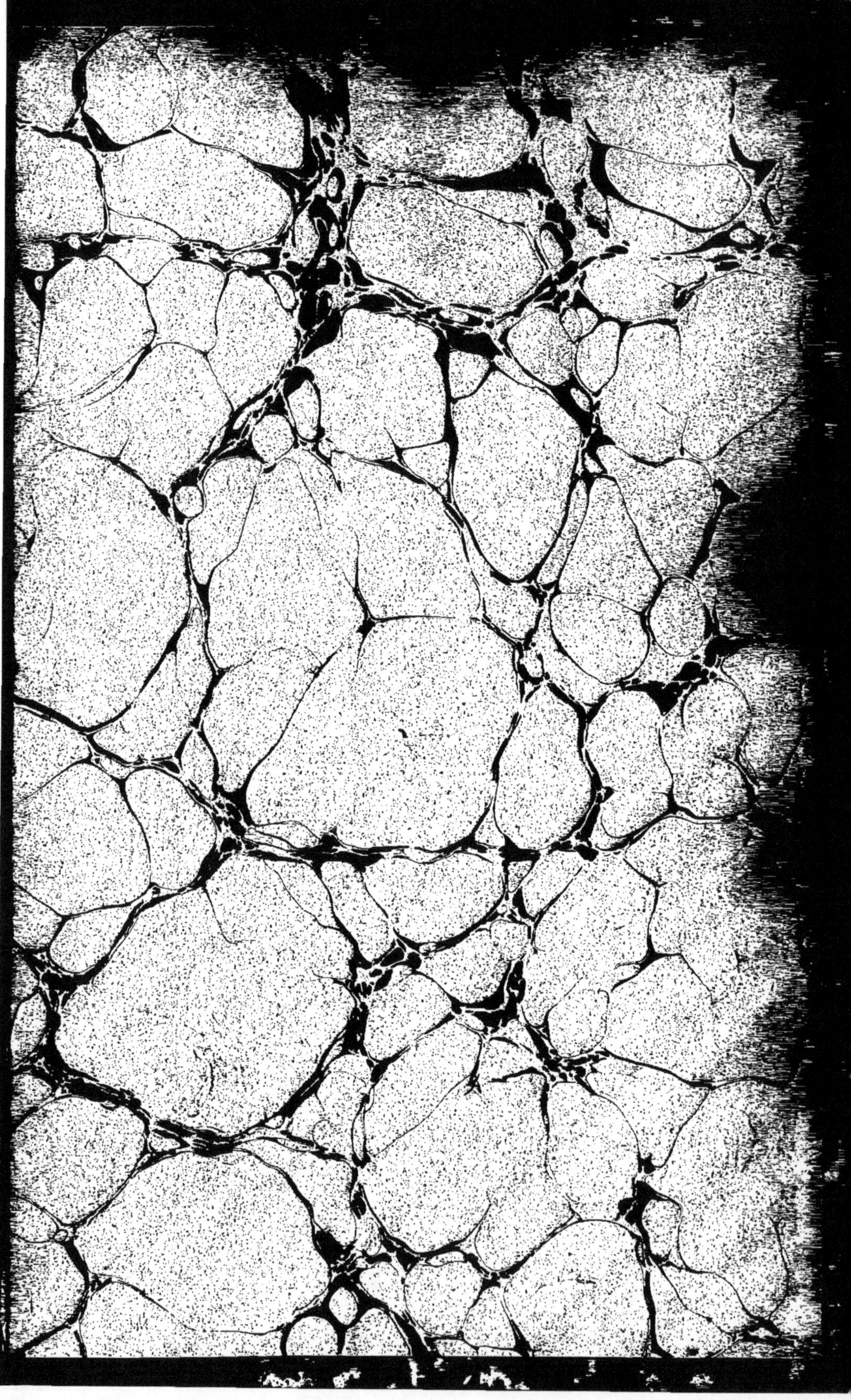

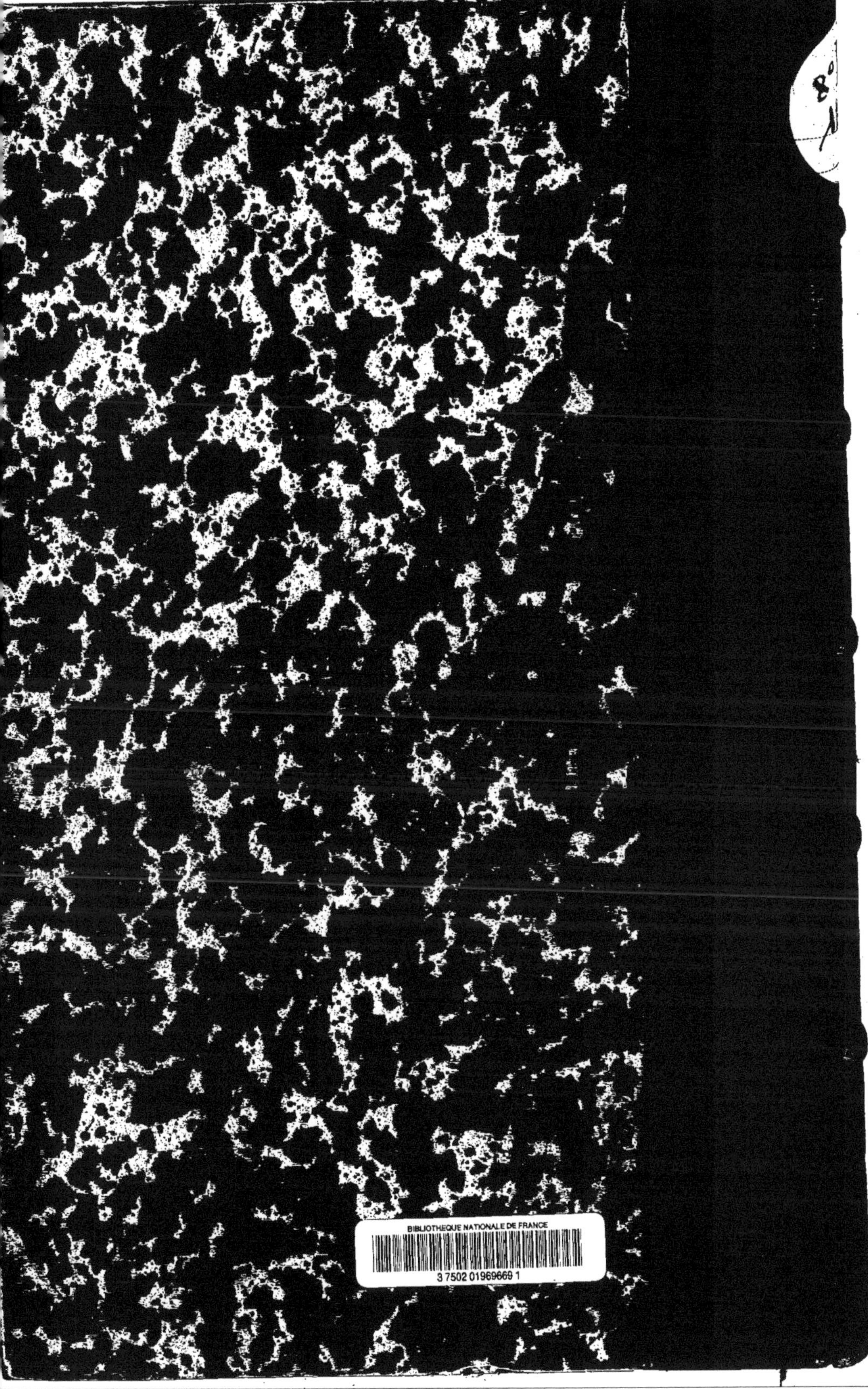

www.ingramcontent.com/pod-product-compliance
Ingram Content Group UK Ltd.
Pitfield, Milton Keynes, MK11 3LW, UK
UKHW012208240726
13966UKWH00002B/642

9 782011 931375